GAIA
o lado oculto das plantas

Gil Felippe

o lado oculto das plantas

tubérculos, rizomas, raízes e bulbos

Ilustrações
Maria Cecília Tomasi

© 2012 Gil Felippe, para o texto
© 2012 Maria Cecília Tomasi, para as ilustrações

PROSPECÇÃO EDITORIAL Isabel Maria Macedo Alexandre
PREPARAÇÃO DE TEXTO Thereza Pozzoli
REVISÃO Pedro Barros
CAPA E PROJETO GRÁFICO Tikinet Edição Ltda.

Dados Internacionais de Catalogação na Publicação (CIP)
(Câmara Brasileira do Livro, SP, Brasil)

Felippe, Gil
  Gaia : o lado oculto das plantas : tubérculos, rizomas, raízes e bulbos / Gil Felippe ; ilustrações Maria Cecília Tomasi. -- São Paulo : Edições Tapioca, 2012.

  Bibliografia

  1. Alimentação - História 2. Botânica 3. Bulbos (Botânica) 4. Raizes (Botânica) 5. Rizomas (Botânica) 6. Tubérculos (Botânica) I. Tomasi, Maria Cecília. II. Título.

12-10313   CDD-635.94

Índices para catálogo sistemático:
1. Plantas : Botânica   635.94

Edições Tapioca
Av. Paulista, 1337, cj. 161
01311-200 São Paulo SP Brasil
Tel. 55 11 3255-7744
contato@edicoestapioca.com.br
www.edicoestapioca.com.br

SUMÁRIO

9 INTRODUÇÃO
17 INFORMAÇÕES BOTÂNICAS
23 TUBÉRCULOS
39 RIZOMAS
61 CORMOS
65 BULBOS
75 RAÍZES
107 FRUTOS
113 CONCLUSÃO
115 NOTAS
117 REFERÊNCIAS BIBLIOGRÁFICAS

AGRADECIMENTOS

Agradeço ao Dr Luciano Esteves e à Dra Cláudia Lemos, pela leitura crítica do texto, como também por correções e sugestões valiosas.

À Isabel Maria Macedo Alexandre, pelo incentivo constante.

INTRODUÇÃO

GAIA vem dos elementos gregos *ge*, que significa "terra", e *aia*, "avó" – Gaia é a "Avó Terra". Na mitologia grega, Gaia é a Terra, a deusa original, mãe e criadora de todos os deuses do Olimpo. É, portanto, a primeira encarnação mítica da natureza como mãe, a Mãe Natureza, para os gregos.

Diz o mito que, no início dos tempos, durante o sono, Gaia deu à luz Urano, o universo, e Pontus, o fundo do mar. Urano, em uma explosão de amor e desejo por Gaia, sua mãe, a envolveu em uma névoa fértil, cujo resultado foi a Criação. Assim surgiu tudo o que existe: as montanhas, os rios, os lagos, as plantas, os animais, os homens – e também os deuses. De Gaia, o homem recebeu todos os alimentos de que precisava, menos os que ela manteve em segredo, isto é, os que escondeu dentro do solo. O homem primitivo, curioso e persistente em sua procura por alimento, revolveu o solo e pouco a pouco foi desenterrando e desvendando os mistérios tão bem escondidos de Gaia.

Foi assim que conhecemos a batata, o inhame, a batata-doce, a cebola e uma infinidade de espécies vegetais, que mantêm muitos nutrientes embaixo da terra, em órgãos subterrâneos. Foram as primeiras plantas a serem domesticadas, algo que se deu há milhares de anos, nas Américas e na Oceania. No entanto, seus órgãos subterrâneos, ainda que muito ricos em carboidratos, são em geral pobres em proteína, não sendo assim alimentos completos.

A domesticação das plantas

Os pesquisadores concordam que a domesticação dos vegetais teve início de forma independente em cinco áreas no mundo, e discordam sobre outras quatro em que esse mesmo processo pode ter ocorrido.[1] Nessas cinco áreas, foram domesticadas plantas silvestres que, depois, foram levadas para outras regiões do globo.

A primeira dessas cinco áreas é o Crescente Fértil – termo criado em 1906 pelo arqueólogo James Henry Breasted (1865-1935) para denominar uma área no sudoeste da Ásia que, na Antiguidade, tinha solos férteis e rios importantes. Estendendo-se do rio Nilo até os rios Eufrates e Tigre, formava uma lua crescente, com a margem externa no mar Mediterrâneo; ao sul, o deserto da Arábia; e, no lado leste, o golfo Pérsico. Nos dias de hoje, compõem a área Iraque, Síria, Líbano, Israel e Jordânia, além de uma pequena borda do sudeste da Turquia e outra do oeste do Irã. Entre as plantas ali domesticadas, as primeiras da humanidade, estão o trigo, a ervilha, o grão-de-bico, a cevada e a oliveira, cuja domesticação começou em 8.500 a.C. Essas plantas fornecem uma alimentação completa, com carboidratos, proteínas e gorduras.

A segunda área, também na Ásia, é a China. Lá, foram domesticados a soja, o arroz, o painço, o feijão-azuki e o feijão-mungo.[2] A primeira data comprovada de domesticação na China foi ao redor de 7.500 a.C.

A área denominada Mesoamérica engloba o sul e o centro do México mais a América Central (Guatemala, Belize, El Salvador, Honduras, Nicarágua e o noroeste de Costa Rica). Nessa região, que foi habitada por maias e astecas, foram domesticados o milho, o feijão, o feijão-trepador-escarlate e a abóbora.[3] A domesticação na Mesoamérica ocorreu ao redor de 3.500 a.C.

A quarta área engloba os Andes, na América do Sul, e a adjacente bacia amazônica, com Bolívia, Peru, Equador, Colômbia, Venezuela e Chile – o Império dos Incas, onde a domesticação teve início em 3.500 a.C. Foram domesticadas a batata, a mandioca, a batata-doce, a quinoa, o tomate, o feijão e o feijão-de-lima.[4]

A quinta e última região é a parte leste dos Estados Unidos, onde a domesticação começou em cerca de 2.500 a.C., com o girassol, a ançarinha-branca, a abóbora e a alcachofra-de-jerusalém.[5]

Nessas regiões, a população passou a utilizar plantas ricas em carboidratos, proteínas e óleos, além de proteína e gordura de origem animal, conseguindo assim uma alimentação variada e completa. Plantas com órgão subterrâneo rico em apenas alguns nutrientes, como a batata, a batata-doce e a mandioca, foram inicialmente domesticadas na América do Sul. São pobres em proteína, porque em geral os órgãos subterrâneos tuberosos têm como principal produto de reserva os carboidratos, em especial o amido. Essas reservas podem servir de alimento para várias espécies de animais, incluindo o homem. São também uma estratégia das plantas para sobreviver em condições ambientais desfavoráveis.

A domesticação ocorreu em outras áreas além dessas cinco, como a zona do Sahel, na África; na região tropical da África ocidental; na região onde hoje fica a Etiópia e na ilha de Nova Guiné, na Oceania. Entretanto, não há certeza se a domesticação de algumas plantas ocorreu nessas regiões de forma independente.

O homem continuou a domesticar outras plantas, e até hoje há pesquisas científicas para descobrir novas espécies cujos órgãos subterrâneos possam ser utilizados na indústria de alimentos. No Brasil, pesquisam-se os órgãos subterrâneos de espécies que ainda não são utilizadas na agricultura, originárias das florestas, dos cerrados e da caatinga. O xilopódio (órgão subterrâneo) de algumas espécies do cerrado poderá estar domesticado em um futuro não muito distante.[6]

Muitas das plantas com órgãos subterrâneos comestíveis são originalmente venenosas, seja a planta toda ou apenas parte dela – até mesmo o órgão subterrâneo. O homem primitivo, ao manipular as plantas com as poucas técnicas de que dispunha – na verdade, por tentativa e erro –, descobriu como remover as toxinas ou como conseguir novas variedades, sem ou com pouco veneno. Portanto, a manipulação das plantas se inicia já em sua domesticação.

Ao longo dos séculos e com o desenvolvimento da ciência, a manipulação torna-se objeto da genética, da engenharia genética e da agricultura, chegando hoje às plantas transgênicas. Foi usando tudo isso que o homem pôde sobreviver e evoluir. O aperfeiçoamento da manipulação das espécies tornou possível aumentar a produção de alimentos, alimentando a população crescente do planeta. Enfim, para sobreviver, o homem desvenda os segredos de Gaia, a Mãe Natureza.

A importância das plantas na história

As plantas se mantêm, ao longo dos séculos, como a principal fonte de alimento da humanidade. Não têm colesterol, assim como nenhum produto vegetal. Os vegetais produzem uma substância similar, o estigmasterol (um tipo de fitoesterol), que não é absorvido pelo corpo humano (componente essencial das membranas celulares dos mamíferos, o colesterol é transportado no plasma sanguíneo de todos os animais). Pequenas quantidades de estigmasterol são encontradas em fungos e plantas.

Os órgãos subterrâneos sempre tiveram e têm grande importância na agricultura de muitos países. Até o início do século XIX, a maior parte das necessidades alimentares da humanidade era suprida diretamente por produtos agrícolas.

A dependência do cultivo de uma espécie para alimento pode ser a origem de muitas catástrofes.[7] O exemplo clássico é dado por um órgão subterrâneo, o tubérculo da batata, planta que foi um presente da América do Sul para o mundo. A Irlanda era totalmente dependente da batata, a planta mais cultivada e mais utilizada como alimento pela população. Em 1845, porém, toda a produção de batatas foi perdida devido ao ataque de um novo fungo que chegou ao país. O resultado foi a fome: mais de 1 milhão de pessoas morreu por falta de comida, e muitos irlandeses emigraram para os Estados Unidos, o Chile e outros países.

Hoje o mais importante órgão subterrâneo quanto ao conteúdo de nutrientes e à distribuição como cultura pelo mundo, a batata originalmente era perigosa pelo alto teor de toxinas, presentes em todas as partes da planta. Ao longo da domesticação, os povos andinos passaram a cultivá-la e conseguiram, há muito tempo, cultivar tubérculos que podem ser utilizados sem problemas.

Muitas outras plantas venenosas puderam ser utilizadas na alimentação humana após a eliminação de suas substâncias tóxicas. Contudo, até hoje, a batata é capaz de se tornar tóxica: quando seus tubérculos ficam expostos a luz, tornam-se verdes e produzem a solanina, que é um alcaloide tóxico.

Trufas, o diamante da cozinha

O mais espetacular segredo subterrâneo de Gaia, adorado por todos os que apreciam os prazeres da mesa, é uma iguaria extremamente cara: a trufa, um fungo. No passado, os fungos eram classificados no reino Vegetal, mas hoje são considerados um grupo à parte, o Fungi. E o que são as trufas?

A trufa é um fungo que se desenvolve subterraneamente e cresce o ano inteiro. Alguns animais comem trufas e dispersam seus esporos. As trufas crescem em associação (simbiose) com as raízes de certas árvores muito conhecidas na Europa: a aveleira, o carvalho, a faia, o choupo, a bétula, o carpino e o pinheiro. Os solos preferidos das trufas são argilosos ou calcários, bem drenados e alcalinos ou neutros.[8]

A palavra "trufa" vem do latim *tuber*, que, com o tempo, passou a ser *tufer*, que deu origem a *truffe* em francês, *trufa* em espanhol, *Trüffel* em alemão, *truffel* em holandês e *tartuf* em croata. Em português, é conhecida como *trufa* ou *túbera*, mais próximo do original latino. Em italiano, é *tartufo*, que deu origem em alemão a *Kartoffel*, "batata", por semelhanças superficiais entre trufa e batata.[9]

As trufas já eram citadas por Teofrasto (*c.* 372-287 a.C.). Cícero (106-43 a.C.) dizia que as trufas eram "filhas da terra", enquanto Dioscórides (40-90 AD) afirmava que eram raízes tuberosas. Os romanos usavam trufas verdadeiras (do gênero *Tuber*), mas preferiam o fungo *Terfezia bouderi*, a trufa-do-deserto, muito parecido com a trufa-verdadeira, que importavam de Lesbos, de Cartago e da Líbia.[10] Esse fungo, chamado terfez, ou trufa-do-deserto, é uma trufa branca, encontrada no deserto do Saara, hoje bastante popular na culinária da Tunísia e da Argélia. Não tem gosto, mas absorve muito bem os aromas e sabores dos outros ingredientes.

Na Idade Média, as trufas caíram em desuso, mas voltaram com força na Renascença, a partir do século XVII, quando os franceses deixaram de usar condimentos orientais muito fortes. Eram tão caras, que o advogado, político e apreciador da boa culinária Jean Anthelme Brillat-Savarin (1755-1826) dizia que só apareciam nos jantares de grandes nobres e das mulheres por eles teúdas e manteúdas. Ele dizia que as trufas eram os "diamantes da cozinha".

Durante muito tempo, acreditou-se que as trufas não podiam ser cultivadas, mas já em 1808 existia a truficultura. Nas duas últimas décadas do século XX, surgiram novas tentativas para produção em massa de trufas, e no início do século XXI cerca de 80% das trufas produzidas na França provinham de campos cultivados. Hoje há áreas de cultivo de trufas nos Estados Unidos, na Espanha, na Nova Zelândia, na Austrália, no Chile e na Grã-Bretanha.

Há vários tipos de trufas, sendo as mais conhecidas e valiosas a branca e a negra.

A trufa-branca (*Tuber magnatum* Pico), a mais valiosa, é da região do Piemonte, no norte da Itália, mais especificamente dos campos nos arredores da cidade de Alba. Também é encontrada na península de Ístria, na Croácia. Uma trufa pode pesar meio quilo e medir cerca de dez centímetros de diâmetro, embora a maioria seja bem menor. A polpa da trufa é de cor creme claro.[11] Em 2009, o quilo da trufa-branca chegou a ser vendido por 10.200 euros.

A trufa-negra, também chamada trufa-negra do Périgord (*Tuber melanosporum* Vittad.), é da região francesa do Périgord e cresce apenas junto ao carvalho. Chega a cem gramas e sete centímetros de diâmetro.[12] A sequência do genoma desta espécie foi publicada em março de 2010.[13]

O gosto da trufa é forte, e seu preço é muito alto, razão pela qual é usada em pequenas quantidades na culinária internacional. No comércio, é encontrada fresca ou mantida em salmoura. A trufa-branca costuma ser servida crua, ralada e colocada em macarrão quente, preparado com manteiga, ou em saladas. Fatias de trufa, tanto branca como negra, podem ser colocadas em carnes, sob a pele de aves assadas, e em alguns patês de fígado de ganso. Queijos muito especiais podem conter trufas.

O gosto da trufa-negra é menos forte e mais refinado que o da branca. Muitas vezes, utiliza-se óleo de trufa em lugar da trufa propriamente dita: é, na maioria dos casos, azeite artificialmente tratado com uma substância com sabor semelhante ao da trufa.

O sabor da trufa também pode ser extraído com álcool, sem uso de substâncias sintéticas. A infusão em vodca é feita curtindo-se uma trufa-negra em uma garrafa da bebida por três semanas, mas também há o produto industrializado. Pode ser usada tanto como bebida, em coquetéis, como também para dar aroma de trufa a algum prato.

INFORMAÇÕES BOTÂNICAS

QUAIS são os órgãos subterrâneos das plantas, os segredos de Gaia, para a botânica?

Vamos começar nomeando as partes de um vegetal. A Figura 1 mostra um broto de feijão – que os botânicos chamam de *plântula* – com caule, raiz e folhas. Há uma raiz principal, ou primária, e as raízes secundárias e terciárias.

O *caule* é dividido em duas partes, acima e abaixo dos *cotilédones*. Na semente do feijão, quase todo o nutriente está nos cotilédones, e, na verdade, são eles que se vê quando se cozinha o feijão. A parte do caule acima dos cotilédones é o *epicótilo*, e a de baixo chama-se *hipocótilo*.

No ponto de inserção das folhas, há o *botão vegetativo terminal*, ou *plúmula*, que dará origem ao restante da parte aérea da plantinha de feijão.

O *caule aéreo* pode ser rastejante, quando cresce horizontalmente, junto à superfície do solo, e recebe os nomes de *estolho* ou *estolão*. Um exemplo de estolho é a plantinha do morango: ao crescer, o morangueiro vai formando eixos caulinares, que rastejam à superfície do solo.

De espaço a espaço, os caules apresentam *gemas*, as estruturas chamadas popularmente de *olhos*: onde crescem as gemas, pode haver formação de folhas ou de raízes, isto é, as gemas podem originar uma nova plantinha. Assim pode-se ter toda uma colônia de plantas partindo de uma só plantinha, tudo formado vegetativamente.

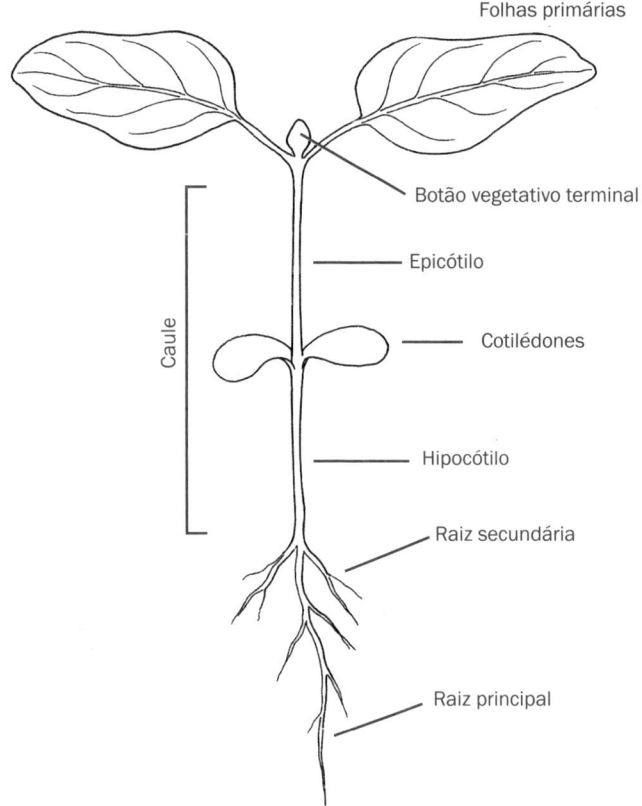

Figura 1

A *raiz* fixa a planta ao solo, sendo um sistema de eixos ramificados que retira principalmente água e nutrientes do solo. É importante acrescentar que a raiz constitui a porção do eixo das plantas superiores (pteridófitas, gimnospermas e angiospermas) que cresce para baixo, em geral dentro do solo, partindo de um eixo central, que é o caule ou tronco.

O *caule* sustenta as folhas das plantas. As dicotiledôneas (plantas com dois cotilédones, como veremos adiante) apresentam uma raiz principal, e dela partem as secundárias. Nas monocotiledôneas (com um só cotilédone), não há uma raiz principal, e as raízes são todas equivalentes e partem do caule – é o que se chama de raiz fasciculada.

As raízes novas apresentam pelos absorventes, e por eles é que ocorre a absorção de água e nutrientes. Esses pelos desaparecem quando as raízes envelhecem. À medida que a planta cresce, são formadas raízes secundárias na raiz principal, que vão se ramificando em terciárias, e estas em quaternárias, e assim por diante.

Dentre as raízes, as que podem armazenar água e nutrientes são as *raízes tuberosas*. Uma raiz tuberosa pode ser *raiz principal*, como no caso da beterraba, da cenoura, da mandioquinha, do nabo, do rabanete e do inhame-feijão; uma *raiz secundária*, como no caso da batata-doce, da dália e do *yacón*; ou uma raiz adventícia (originada de caule), que é o caso da mandioca.

Também pode desenvolver-se sob a terra o caule, com ou sem função de armazenar água e nutrientes. Como vimos, do caule também podem surgir raízes, as chamadas raízes adventícias. Os órgãos formados subterraneamente têm nomes especiais, como rizoma, tubérculo, bulbo e cormo, além das já mencionadas raízes adventícias.

O rizoma origina-se do botão vegetativo terminal (ou plúmula). Em consequência, a planta não tem caule aéreo, e o que aparece acima do solo são as folhas. O rizoma torna-se espesso e rico em reservas, com nós e entrenós, podendo ser carnoso, como na bananeira, ou suculento, como o gengibre, a araruta, a cúrcuma e o inhame. Geralmente, os rizomas são horizontais e podem se ramificar muito, como acontece com a íris.

O tubérculo origina-se do hipocótilo ou de ramos laterais. É um exemplo bastante conhecido é a batata, formada de ramos laterais tuberizados. O tubérculo possui gemas e pode brotar. Há também tubérculos aéreos, isto é, formados no caule aéreo (caso do cará-do-ar).

O bulbo, de formato globoso, é um caule com entrenós tão curtos, que o conjunto forma um disco. Esse disco tem gemas e é rodeado de folhas sem clorofila, espessas e carnosas. O bulbo pode ser tunicado ou escamoso. O bulbo tunicado apresenta folhas de forma concêntrica e mais desenvolvidas que o disco; ele pode ser simples, como na cebola, ou composto, como no alho (cada dente de alho é um bulbo simples). O bulbo escamoso tem folhas mais desenvolvidas que o disco, transformadas em escamas, como, por exemplo, o lírio-amarelo.

O cormo é um bulbo sólido, com caule contraído e espessado, como, por exemplo, o gladíolo.

Mas nada é tão simples como parece. Pode parecer simples para os anatomistas quando falam a respeito, mas, quando se quer discernir se determinada planta tem raiz tuberosa ou tubérculo, a coisa encrenca. Pelo jeito, Gaia deixou à vista seus segredos, mas não a sapiência a respeito... Assim, há muita confusão entre raiz tuberosa, tubérculo e rizoma.

Na vegetação dos cerrados, há espécies de plantas que apresentam xilopódios. Um xilopódio tem origem no espessamento do hipocótilo, da raiz primária ou de ambos. Assim, sua estrutura pode ser de natureza radicular, caulinar ou mista. É de consistência extremamente rígida e tem capacidade de formar os caules aéreos. Quando as árvores dos cerrados são cortadas, para dar lugar às pastagens para o gado, o cerrado rebrota, pois novos ramos brotam dos xilopódios.

Há também frutos subterrâneos, como é o caso do amendoim, da ginguba-de-angola (ou mancarra) e do amendoim-de-porco.

Um segredo de Gaia descoberto recentemente por um grupo de botânicos brasileiros, norte-americanos e australianos foram plantas com folhas subterrâneas carnívoras.[14] Na verdade, são três espécies dos cerrados, mas só uma foi estudada, a *Philcoxia minensis* (família *Plantaginaceae*). Essas folhas desenvolvem-se embaixo do solo, grudentas, do tamanho da cabeça de um alfinete, e atraem pequenos vermes, que ficam grudados, e deles retiram os nutrientes.

Sobre a classificação botânica

Muitos cientistas tentaram desenvolver um sistema natural para agrupar todas as espécies vegetais, entre eles o sueco Lineu, ou Carl Linnaeus, que viveu na cidade de Upsala, ao norte de Estocolmo, entre 1707 e 1778. Baseando-se em observações de pesquisadores anteriores e em seus próprios estudos, Lineu estabeleceu a chamada nomenclatura binária, considerada o maior avanço da biologia no século XVIII e usada até hoje. Seu nome está fortemente ligado ao termo "espécie". Na botânica, isso significa que cada espécie de planta passou a ter um nome composto por duas palavras: o feijão, por exemplo, tem o nome científico de *Phaseolus vulgaris*.

As plantas da divisão das gimnospermas (*Gimnospermae*) não formam frutos, portanto apresentam sementes nuas. As flores são agrupadas em inflorescências, sempre de sexo separado, seja na mesma planta ou em plantas diferentes. Nas angiospermas, as sementes são formadas dentro do ovário – podendo, assim, formarem-se frutos. As flores podem ser de sexo separado ou hermafroditas. As angiospermas têm duas classes: as monocotiledôneas, em que as plantas têm um só cotilédone, e as dicotiledôneas, dois cotilédones (como o *Phaseolus vulgaris*).

As classes agrupam famílias botânicas. Cada família engloba gêneros, e em cada gênero há um certo número de espécies. O nome científico é sempre escrito em latim e destacado do texto com grifo ou itálico. Após o nome da espécie, aparece sempre uma inicial ou nome, que identifica qual autoridade (o botânico) identificou a planta pela primeira vez e deu a ela seu nome científico. A planta pode ainda ser classificada em categorias subespecíficas: a variedade (abreviatura var.), se a planta for encontrada na natureza, ou a cultivar (abreviatura cv.), quando é criada pelo homem.

ARARUTA-DA-FLÓRIDA
- » Divisão: *Gimnospermae* (em português, gimnospermas)
- » Classe: *Cycadopsida* (ou cicadopsidas)
- » Família: *Zamiaceae* (ou zamiáceas)
- » Gênero: *Zamia* (ou zâmias)
- » Espécie: *Zamia pumila* L.

INHAME
- » Divisão: *Angiospermae* (ou angiospermas)
- » Classe: *Monocotyledonae* (ou monocotiledôneas)

- » Família: *Araceae* (aráceas)
- » Gênero: *Colocasia*
- » Espécie: *Colocasia esculenta* (L.) Schott

MANDIOCA
- » Divisão: *Angiospermae* (ou angiospermas)
- » Classe: *Dicotyledonae* (ou dicotiledôneas)
- » Família: *Euphorbiaceae* (ou euforbiáceas)
- » Gênero: *Manihot*
- » Espécie: *Manihot esculenta* Crantz

Quando se fala de uma planta, é sempre importante identificá-la por seu nome científico, porque este se refere à mesma planta em qualquer região ou língua: não há como indicar a planta errada. O nome comum de uma planta, também chamado de nome popular ou nome vulgar, pode variar com a região, havendo vários nomes para uma planta ou um nome para várias espécies, o que leva a muitos problemas.

Neste livro, a classificação botânica e sua nomenclatura seguem o sistema de Cronquist, e estão como apresentado por Mabberley.[15]

Quando se informa que uma planta é originária de uma região, significa que ela é nativa desse local. Uma planta que ocorre numa região pode ser nativa dali ou ter sido introduzida ali, proveniente de outro local.

TUBÉRCULOS

Um tubérculo pode ser aéreo ou subterrâneo. O aéreo é formado a partir do caule aéreo – e, como o nome diz, fica exposto no ar. Um exemplo são os tubérculos da planta trepadeira cará-do-ar (também conhecida como cará-de-corda ou cará-moela, pois lembra a moela das aves), comum em quintais domésticos, muito apreciados quando cozidos – é a espécie *Dioscorea bulbifera* L., originária da Ásia. Os tubérculos aéreos, também chamados bulbilhos, são formados nas axilas das folhas do caule trepador. O tubérculo subterrâneo forma-se a partir do hipocótilo ou de ramos laterais do caule.

O tubérculo possui gemas e pode brotar formando novos ramos e folhas e, na parte inferior, as raízes. A função do tubérculo é armazenar nutrientes, que serão utilizados pela planta para sobreviver em condições adversas, como invernos rigorosos e períodos de seca. Os nutrientes armazenados garantem a brotação na nova fase de crescimento e podem também servir para a propagação assexuada. Os tubérculos crescem, em geral, próximos à superfície do solo.

Enquanto a parte aérea parece morrer em condições adversas, como durante o inverno, o tubérculo permanece vivo. Na primavera, do tubérculo cresce um novo caule, que irá produzir ramos e folhas. Os nutrientes vão sendo consumidos, e no verão o tubérculo começa a fenecer, quando novos tubérculos são formados.

Há autores que chamam certos tubérculos de cormo e vice-versa, o que causa muita confusão.

Destaca-se entre os tubérculos um dos segredos subterrâneos mais conhecidos de Gaia: a batata (*Solanum tuberosum* L.).

Azedinha-tuberosa

Denominada *oca* no Peru, *oca* ou *oka* em inglês, *aleluya-tuberosa* em espanhol, *truffette-acide* em francês e *Oca* em alemão, foi levada para a Europa em 1830, com a ideia de competir com a batata. Chegou em 1860 à Nova Zelândia, onde é chamada de *yam*, e hoje apresenta os tubérculos levemente rosados. O tubérculo é empregado em culinária como uma hortaliça, e dele se extrai amido. As folhas e os ramos novos também são comestíveis. A textura, quando o tubérculo não foi muito cozido, é crocante, lembrando a da cenoura. Quando cozido demais, fica amiláceo, com sabor penetrante, forte. É levemente ácido. Em geral, serve-se cozido, mas há quem aprecie cru, e pode também ser comido assado ou frito. Na região andina, o tubérculo é empregado em cozidos e sopas, ou servido como batata. Emprega-se também como sobremesa – por exemplo, como marmelada.

Em 100 gramas (peso fresco) do tubérculo comestível, há 1 grama de proteína, 18 gramas de carboidratos e 0,2 grama de gordura.

A planta é rica em oxalatos, que ficam concentrados na pele do tubérculo. Os povos andinos o expõem à luz solar, o que diminui o conteúdo de ácidos orgânicos e, assim, realça o gosto doce. Cultivares recentes desta espécie apresentam um teor menor de oxalatos.

Botânica

Pertence à família das oxalidáceas (família *Oxalidaceae*, dicotiledôneas; 6 gêneros e 775 espécies), uma família dos trópicos, com poucas espécies na zona temperada. São árvores, arbustos e, principalmente, ervas com tubérculos ou bulbos. As plantas desta família usualmente acumulam oxalatos. As flores são hermafroditas. O fruto pode ser uma baga ou uma cápsula. É a família do trevo (gênero *Oxalis*), que, quando apresenta quatro folíolos, diz-se que dá sorte.

A azedinha-tuberosa é a espécie *Oxalis tuberosa* Molina (sinônimo: *Oxalis crenata*), uma planta anual nativa da América do Sul, da região andina (Venezuela, Bolívia, Colômbia, Equador, Peru e

Argentina). Não é conhecida em seu estado silvestre. A domesticação ocorreu na região central do Peru e no norte da Bolívia. Os tubérculos, que se formam durante o outono, podem ser brancos, amarelos ou vermelhos, sendo que as plantas com tubérculos amarelos e vermelhos não florescem. Cada planta produz cerca de um quilo de tubérculos. O tubérculo apresenta gemas por toda sua superfície. Requer dias longos para florescer, e forma os tubérculos somente quando a duração dos dias diminui. A propagação é quase exclusivamente pela divisão dos tubérculos. O órgão subterrâneo de *Oxalis tetraphylla* Cav. (*Oxalis doppei* é um sinônimo), nativa do México, é comestível.

Batata

Sem dúvida o tubérculo mais conhecido, a batata é a quarta planta mais cultivada para alimentação, depois do trigo, do arroz e do milho. Era chamada *papa* pelos incas, termo usado hoje em espanhol, no Peru, na Argentina e na Espanha. É *araucano* ou *poni* no Chile, *iomy* na Colômbia, *patata* na Itália, *pomme-de-terre* ou *patate* na França e *potato* nos países de língua inglesa. Os italianos chamaram-na de *tartufo*, porque lembrava-lhes as trufas, o que deu origem ao nome em alemão, *Kartoffel*. No Brasil, era cultivada antigamente apenas em hortas pequenas, sendo chamada de *batatinha*. Mais tarde, passou a fazer parte da dieta dos técnicos britânicos que vieram ao Brasil para a construção das ferrovias, e tornou-se conhecida como *batata-inglesa*.

Em ruínas arqueológicas peruanas, foram encontrados restos de batata datados de 500 a.C. Os incas usavam as batatas como alimento, secavam-nas para longas viagens e também as enterravam com seus mortos. Os conquistadores espanhóis conheceram a batata quando chegaram ao território que hoje é o Peru em busca de ouro; Francisco Pizarro (1478-1541) encontrou a batata no norte do Peru em 1533. Foi levada para a Espanha em 1565 por Gonzalo Jiménez de Quesada (1499-1579), um dos muitos exploradores espanhóis que estavam à procura da mítica El Dorado. Os espanhóis inicialmente pensaram que as batatas eram um tipo de trufa, e logo suas embarcações passaram a levar muita batata, para alimentar os marinheiros. Entre 1585 e 1600, os espanhóis levaram a planta para Itália, Inglaterra, Bélgica, Alemanha, Áustria e França. Em todos esses países, foi considerada esquisita e venenosa, não alcançando muito sucesso como produto. Uma das razões para o descaso com o cultivo da batata é o fotoperíodo (o efeito da relação entre a duração do dia e a duração da noite): o dos Andes era muito diferente do europeu. Somente quando os botânicos europeus criaram variedades adaptadas ao fotoperíodo de seu continente, a espécie passou a ser cultivada em larga escala (ainda que, na época, pouco se sabia a respeito de fotoperíodo, descoberto e estudado pelos botânicos no século XX).

Em 1588, a batata chegou à Irlanda. Diz a lenda que alguns navios da Invencível Armada, uma frota especial da Espanha, naufragaram perto da costa irlandesa, e batatas foram levadas pelas águas até a terra firme. Como alimento, foi introduzida na Inglaterra por *sir* Walter Raleigh (*c.* 1552-1618), nobre da corte, que plantou a batata em suas propriedades perto de Cork, na Irlanda – e, ainda segundo a lenda, deu de presente à rainha Elizabeth I uma planta de batata. Os protestantes ingleses puritanos eram contra o uso da batata, por não ser mencionada na Bíblia, e o tubérculo só se tornou comum na Inglaterra na metade do século XVIII. Como cultura agrícola, a batata estabeleceu-se na Irlanda em 1663, onde se tornou o mais importante alimento da população no século XVIII. No século seguinte, uma praga, o ataque à batata pelo fungo *Phytophthora infestans*, destruiu as plantações; muitos irlandeses morreram de fome, e mais de 1 milhão emigrou para os Estados Unidos e o Chile.

Na América do Norte, a batata chegou levada pelos colonizadores britânicos, primeiro para as Bermudas, em 1613, e depois para a Virgínia, em 1622. Acredita-se que a espécie tenha sido introduzida nos Estados Unidos várias vezes ao longo do século XVII. Entretanto, só foi plantada como cultura a partir de 1719, em New Hampshire, por imigrantes escoceses e irlandeses.

Na França, o higienista e nutricionista francês Antoine-Augustin Parmentier (1737-1813) encorajou o cultivo da batata no reinado de Luís XVI (1774-1791), e a rainha Maria Antonieta (1755-1793) chegou a enfeitar seus cabelos com flores do tubérculo, o que, é claro, passou a ser imitado pelas mulheres francesas e, além disso, ajudou a difundir a planta. Parmentier criou vários pratos com a batata como ingrediente principal, e muitos pratos com batata foram batizados com seu nome.

A primeira ilustração europeia da planta da batata foi feita em 1583, por Carolus Clusius (1525-1609). O nome *Solanum tuberosum* foi registrado pelo botânico suíço Gaspard (ou Caspar) Bauhin (1560-1624) em seu livro *Phytopinax*, em 1596.[16] De acordo com outra fonte, o nome foi dado em 1601 por Clusius, que em 1588 havia recebido espécimes provenientes da Itália.[17]

Na Inglaterra no século XVI, era vendida como potente afrodisíaco e muito popular como tal. Mas, como era muito cara, só estava ao alcance dos muito ricos.

O sucesso da batata em culinária deve-se a dois fatores: seu elevado valor energético e o sabor pouco acentuado, que possibilita o uso em centenas de combinações com outros sabores. A batata é fonte de amido, o mais abundante carboidrato de reserva das plantas superiores. Além dos usos bem conhecidos (frita, assada ou cozida; às vezes quente, às vezes fria, acompanhando saladas; no preparo do nhoque etc.), pode produzir álcool, como a vodca polonesa. Em 100 gramas de batata crua e com casca, há 19 gramas de carboidratos, 0,1 grama de gorduras e 2 gramas de proteína.

Os produtos comerciais da batata incluem a fécula e a batata em flocos. Amido e fécula são quimicamente a mesma coisa, mas a legislação brasileira os distingue: amido é proveniente das partes aéreas de uma planta, e fécula é proveniente das partes subterrâneas. A fécula de batata comercializada no Brasil é importada, resultante do processo de secagem e moagem de batatas frescas, lavadas, descascadas, cozidas, resfriadas e desidratadas, usada para bolos e biscoitos. A batata em flocos nada mais é que massa de batata desidratada; na alimentação, pode ser reconstituída com água ou leite quente. Os incas deixavam a batata congelar à noite, sob a neve, e de manhã pisoteavam-na; esse processo elimina a água, daí resultando a batata dessecada, que pode ser guardada. É o precursor do purê e do alimento desidratado e congelado.

A batata contém alcaloides tóxicos nos tubérculos, nas folhas, nos caules e nos frutos, sendo o mais comum deles a solanina, substância muito tóxica que funciona como mecanismo de defesa da planta contra fungos e pragas em geral. A solanina é destruída em altas temperaturas (acima de

170 °C), e o cozimento destrói quase toda. Ocorre em alta concentração embaixo da casca do tubérculo, aumentando com a idade do tubérculo e com a exposição a luz – as partes com mais solanina ficam esverdeadas. Quando a casca fica esverdeada, a concentração da substância pode chegar a 1.000 miligramas por quilo de batata.

Os sintomas de envenenamento por solanina podem aparecer entre trinta minutos e doze horas após a ingestão: náusea, diarreia, vômito, dores do estômago, queimação da boca, arritmia do coração, dor de cabeça e vertigem, alucinações, paralisia, pupila dilatada e hipotermia. Em doses elevadas, causa a morte. Doses de 2 a 5 miligramas por quilo de peso corporal causam sintomas tóxicos; acima de 5 miligramas são fatais. No entanto, é um envenenamento raro de ocorrer. Um estudo mostrou que o consumo exagerado de batatas por mulheres grávidas causaria o aparecimento de espinha bífida nas crianças em razão da quantidade de solanina ingerida; outros estudos não confirmaram essa conclusão. A solanina ocorre também em caules e folhas de tomate e de tabaco.

Botânica

Pertence à família das solanáceas (*Solanaceae*, dicotiledôneas; 94 gêneros e 2.950 espécies), que ocorre no mundo todo, mas predomina na América do Sul. As espécies dessa família podem ser árvores, arbustos, ervas e cipós (em botânica, chamados lianas). Muitas solanáceas são venenosas ou possuem substâncias alucinógenas. Além da batata, estão na família o tabaco, o tomate, a berinjela e o jiló.

A batata é a espécie *Solanum tuberosum* L., originária dos países andinos, região do império inca – hoje Chile, Equador, Bolívia e Peru. Trata-se de uma planta anual, com até 1 metro de altura; suas folhas, compostas com sete a quinze folíolos, podem chegar a 25 centímetros de comprimento. Forma tubérculos subterrâneos, que apresentam gemas, os chamados "olhos" da batata. As flores hermafroditas são vistosas, em forma de estrela, podendo ser brancas, róseas ou azuis bem claras, com centro amarelo. A planta floresce no verão e dá frutos que amadurecem no fim do verão e começo de outono; parecem pequenos tomates verdes, com 2 a 3 centímetros de diâmetro, e cerca de trezentas sementes. A batata produz bem em altitudes até acima de 4.500 metros. Pesquisas recentes baseadas em DNA mostraram que todas as variedades de batata descendem de uma única espécie selvagem originária do Peru. É uma espécie tetraploide (numero de cromossomos 4n). A propagação se faz por meio de tubérculos pequenos, chamados de "sementes". Os produtores de novas variedades e os geneticistas obtêm a planta por meio da germinação das sementes verdadeiras.

A denominação batata-amarga (*choquepito* e *ococuri*, em espanhol) corresponde a duas espécies, *Solanum* x *curtilobum* Juz. & Bukasov e *Solanum* x *juzepczukii* Bukasov, originárias da Bolívia e do Peru. O tubérculo de ambas é fonte de amido e consome-se cozido nos países de origem inglesa; são fonte de genes que melhoram a resistência às doenças da batata-inglesa.

Batata-lisa

A batata-lisa é conhecida como *ullucu* e *ullus* em quíchua; como *melloco, olluco, ulluco, michurui, michuri, miguri, micuche, ruba, rubia, timbo* e *uljuku* em espanhol; e como *ullucu* e *oca quina* em inglês.

Nativa dos Andes, é muito antiga como cultura, e seu cultivo se estendeu dos Andes da Venezuela até o noroeste da Argentina e nordeste do Chile antes da chegada dos espanhóis. A região exata da domesticação é ainda desconhecida. Foram encontrados vasos de cerâmica na região de Ayacucho (Peru), datados entre os anos 400 e 700 a.C., com decorações coloridas com plantas andinas, entre elas a batata-lisa.

O *ullucu* é muito popular tanto nas populações urbanas como nas rurais do Equador, do Peru e da Bolívia. É empregado no preparo de sopas, de cozidos com carne ou com ovos, e também em saladas. Algumas variedades apresentam muita mucilagem, uma substância grudenta que precisa ser eliminada antes do uso, o que pode ser feito pela lavagem em várias trocas de água. Como os tubérculos deterioram muito rapidamente, os antigos habitantes congelavam a batata-lisa. Em 100 gramas (peso fresco) do tubérculo, há 2 gramas de proteína, 10 gramas de carboidratos e 0,1 grama de gordura.

As folhas da planta são comestíveis e podem ser preparadas como o espinafre.

Botânica

Pertence à família das baseláceas (*Basellaceae*, dicotiledôneas; 4 gêneros e 20 espécies), que é tropical das regiões quentes, especialmente da América. Suas espécies são ervas com rizomas perenes, lisos, ou tubérculos, com ramos aéreos anuais trepadores. O órgão subterrâneo apresenta betalaínas, os pigmentos que produzem coloração vermelha, amarela, rosa e laranja em flores e frutas, e não antocianinas (pigmentos que geram cores do vermelho-alaranjado ao azul). As folhas são opostas, e as flores ficam em inflorescências terminais ou axilares.

A batata-lisa é a espécie *Ullucus tuberosus* Caldas. É uma planta ereta, que alcança até 0,5 metro de altura e se torna prostrada no fim do crescimento. Os tubérculos podem ser esféricos ou cilíndricos, e se apresentam nas cores branco, amarelo, verde-claro, rosa, alaranjado e roxo. Raramente dá frutos, os quais têm sementes em forma de pirâmide invertida com a superfície enrugada. A propagação é quase exclusivamente pela divisão dos tubérculos.

Capuchinha-tuberosa

Conhecida como *mashua*, *añu*, *isañu* e *cubio* na região dos Andes e como *tuberous nasturtium* em inglês, a capuchinha-tuberosa é muito ornamental, sendo cultivada há milênios. Seus tubérculos são encontrados em sítios arqueológicos. Pictogramas pré-incaicos representam esta espécie, juntamente com batatas e outras espécies, mostrando sua importância nos tempos antigos. Originária da América do Sul, dos Andes, seu cultivo foi espalhado por migrações pré-colombianas para a Colômbia e para o norte da Argentina e Chile. Hoje, é muito cultivada no Peru, em cerca de 6 mil hectares, com produção de 4 a 12 toneladas por hectare.

O tubérculo é uma fonte importante de alimento para a população pobre nas zonas rurais andinas. Pode ser cozido ou assado; quando cru, tem um sabor apimentado que desaparece com o preparo. O sabor pode ser melhorado se o tubérculo for cozido e congelado, ou quando é colhido logo depois de uma geada não muito forte.

Este tubérculo é preparado em um cozido com carne, hortaliças, milho, batatas e ervas. Muitas vezes, após o cozimento, o tubérculo fica levemente adocicado. Na Bolívia e no Peru, prepara-se a capuchinha-tuberosa cozida, coberta com melado e congelada, um doce muito apreciado.

O tubérculo é responsável por 75% do peso seco da planta. Em 100 gramas (peso fresco) do tubérculo comestível, há 1,5 grama de proteína, 10 gramas de carboidratos e 0,1 grama de gordura.

As flores e as folhas também são comestíveis. O tubérculo tem fama de anafrodisíaco e de reduzir quase à metade o nível de testosterona. Na região dos Andes, não é apreciado pelos homens, que reservam o tubérculo como alimento para as mulheres.

É uma espécie muito resistente a insetos e nematoides. Na Colômbia, é plantada junto com a batata, para repelir essas pragas.

Botânica

Pertence à família das tropeoláceas (*Tropaeolaceae*, dicotiledôneas; 3 gêneros e 89 espécies), que ocorre nas montanhas das Américas do Sul e Central. Suas espécies são ervas, muitas vezes trepadeiras, mas sem gavinhas: são os pecíolos das folhas que se enrolam para sustentar a planta. Muitas espécies apresentam órgãos subterrâneos tuberosos. As plantas contêm óleo semelhante ao das plantas crucíferas (família *Cruciferae*, da mostarda e do agrião). As flores são grandes, hermafroditas.

A capuchinha-tuberosa é a espécie *Tropaeolum tuberosum* Ruiz & Pav. Trata-se de uma planta anual, trepadeira de crescimento rápido, que pode chegar a 4 metros de comprimento. As flores são tubulares, amarelas ou alaranjadas, e aparecem no verão. O tubérculo tem forma cônica, com uma concentração de gemas na ponta. Chega a 10 centímetros de comprimento e 5 de diâmetro. É uma planta de dias curtos, necessitando de comprimento do dia de 11 a 13,5 horas para que haja formação dos tubérculos. Produz grande quantidade de sementes e se propaga pela germinação das sementes, pela divisão dos tubérculos e também pelo enraizamento da parte basal dos caules aéreos.

A espécie *Tropaeolum polyphyllum* Cav., nativa da Argentina e de Chile, também apresenta tubérculos comestíveis, mas não são muito usados como alimento.

Cará

No Brasil, as palavras *cará* e *inhame* são usadas para duas espécies, às vezes confundidas: o inhame, que é da família das aráceas (*Araceae*), e o cará, que também é chamado de *inhame-de-são-tomé*. E qual é a razão desse nome? A espécie, que é asiática, foi levada da Ásia para Madagascar e, dali, para a África continental, e depois para as ilhas de São Tomé e Príncipe, onde era alimento muito apreciado. De lá, onde era conhecida como *ñam*, uma palavra senegalesa que significa "para comer", foi trazida para o Brasil. Os portugueses são responsáveis pela confusão, pois chamavam o cará de "inhame (*ñam*) da ilha de São Tomé". O cará, que é chamado pelos norte-americanos de *yam*, foi trazido para a América no século XVI pelos portugueses, mas hoje é cultivado em todos os países tropicais. É produzido comercialmente até no Japão. A planta não aprecia o frio, mas é plantada na França e sobrevive se for plantada em covas profundas.

A palavra *cará* vem do tupi *kara*, nome dado pelos índios brasileiros a várias plantas da mesma família das dioscoreáceas, que já existiam no Brasil na época da chegada dos portugueses.

Os tubérculos subterrâneos do cará chegam a pesar 50 quilos e atingir 2 metros de comprimento. Era a planta de distribuição mais ampla entre as amiláceas nos tempos antigos, compreendendo várias espécies do gênero. Hoje, seu cultivo não é tão importante, pois perde para a mandioca, embora tenha um conteúdo de proteína bem mais alto que esta. O tubérculo subterrâneo é rico em amido, fonte de betacaroteno, vitamina C e do complexo B; contém cálcio, fósforo e ferro.

O cará é alimento recomendado na prevenção de doenças como a dengue, a malária e a febre amarela. Era muito utilizado nas viagens longas para evitar doenças entre os marinheiros e escravos.

Come-se o cará cozido ou como farinha. Antes do cozimento, é preciso remover a casca, porque o tubérculo possui substâncias que podem causar doenças. O contato do cará cru com a pele pode causar coceiras, mas a lavagem das mãos ou um banho rápido resolve o problema.

Pode substituir a batata em pratos como sopas, caldos, purês e refogados. O gosto é muito bom. Pode ser empregado para fazer pão, bolos, cremes, biscoitos, panquecas e tortas. A farinha é obtida do tubérculo subterrâneo, mas só depois de cozido no vapor, seco e então moído. A farinha de cará contém cerca de 70% de carboidratos, 7% de proteínas, 1% de gordura, 14% de fibras e 3% de minerais. Nos Estados Unidos, meio quilo de farinha de cará é vendido por cerca de 50 dólares.

Botânica

Pertence à família das dioscoreáceas (*Dioscoreaceae*; monocotiledôneas, 8 gêneros e 880 espécies), que é pantropical, dos trópicos quentes, com poucas espécies no hemisfério Norte. São ervas, com caules aéreos que surgem de um órgão subterrâneo, rico em carboidratos. Em geral, as espécies apresentam uma planta masculina e outra feminina. Muitas espécies são ricas em saponinas esteroidais.

O cará é a espécie *Dioscorea alata* L., originária do leste da Ásia, no Vietnã, e cultivada mundo afora. É uma planta herbácea, isto é, uma erva trepadeira vigorosa: seu caule atinge mais de 10 metros de comprimento, muito ramificado. Alguns tubérculos aéreos, ou bulbilhos, formam-se nas axilas das folhas e chegam a 10 centímetros de comprimento. As folhas têm pecíolos longos, e as flores são pequenas – masculinas em uma planta e femininas em outra. O fruto é uma cápsula, e as sementes são aladas, em geral estéreis. A planta cresce por oito a dez meses, e depois fica dormente; o caule aéreo morre. A propagação é pelos tubérculos aéreos e por pedaços dos tubérculos subterrâneos. O plantio no Brasil é feito em julho e agosto.

Há muitas outras espécies do mesmo gênero (*Dioscorea*) que têm tubérculo subterrâneo comestível e são apelidadas de cará. Alguns exemplos:

- A uva-de-cão (briônia-negra, em inglês *black-bryony*; *Dioscorea communis* (L.) Caddick & Wilkin; *Tamus communis* é hoje considerado um sinônimo) é nativa da região do Mediterrâneo, na Europa, do noroeste da África e do oeste da Ásia. O tubérculo é comestível, embora venenoso.
- O cará-branco (*Dioscorea rotundata* Poir.) é africano, um dos mais importantes no continente.
- O cará-amarelo (*Dioscorea cayenensis* Lam.) também é africano e muito importante como fonte de alimento naquele continente.
- O cará-chinês (*Dioscorea oppositifolia* L.) é nativo da Ásia tropical.
- O cará-menor (*Dioscorea esculenta* (Lour.) Burkill) é da Ásia tropical e foi uma das primeiras espécies a serem domesticadas.
- O cará-doce (*Dioscorea trifida* L.f.) é nativo da América do Sul, de regiões que também se estendem pelo Brasil.
- O cará-bravo (*Dioscorea dumetorum* (Kunth) Pax) é nativo da África e alimento popular na África ocidental. As formas silvestres são muito tóxicas e usadas para envenenar animais.

Castanha-d'água

Antes da colheita dos tubérculos da castanha-d'água – em inglês, conhecida como *water chestnut* ou *Chinese water chestnut* –, os campos inundados são drenados.

É muito cultivada nas Filipinas. São muito populares nas cozinhas chinesa, australiana, tailandesa e filipina, e apreciados ainda na Nova Zelândia. A castanha-d'água é uma das principais hortaliças dos chineses, usada, por exemplo, no *chop suey*.

Os tubérculos têm sabor bem adocicado, lembrando vagamente a castanha-europeia. São pequenos, brancos por dentro e podem ser comidos crus, cozidos ou grelhados. Na Austrália, os tubérculos são colhidos em maio e junho; os mais velhos são comidos assados e os mais novos, crus.

Cerca de 90% do peso seco do tubérculo é de carboidratos, tendo o amido como principal constituinte. Contém ainda fibras, vitamina B e os minerais potássio, cobre e manganês. Os tubérculos secos são moídos para fazer farinha. A farinha da castanha-d'água é um amido branco e brilhante, com sabor suave, que pode ser empregada como o amido de outras origens: empanar carnes e hortaliças, engrossar sopas, cozidos, molhos e caldos. Para engrossar sopas, a farinha deve ser previamente misturada com água fria, para depois ser colocada na mistura quente, a fim de evitar a formação de grumos. Emprega-se também para fazer pães cuja massa não irá crescer.

Botânica

Pertence à família das ciperáceas (*Cyperaceae*; monocotiledôneas, 98 gêneros e 4.350 espécies), que ocorre no mundo todo, especialmente em regiões temperadas. São ervas perenes, normalmente com rizomas e, às vezes, com tubérculos. As flores são pequenas, em geral polinizadas pelo vento. O fruto é um aquênio (exemplo: o fruto do girassol).

A castanha-d'água é *Eleocharis dulcis* (Burm. f.) Henschel (*Eleocharis tuberosa* é um sinônimo). Trata-se de uma planta aquática tropical do Velho Mundo, possivelmente originária da China. Ocorre em pântanos e locais inundados, ao longo de rios e lagos. Apresenta os caules verdes em forma de tubos, sem folhas, que crescem cerca de 1,5 metro. Espalha-se por estolhos ou estolões (caules aéreos que crescem horizontalmente junto à superfície do solo). As flores são pequenas e aparecem no verão. O rizoma é curto, com estolões alongados que têm na ponta um tubérculo globoso pequeno, com cerca de 1 centímetro de diâmetro. A propagação é por sementes e pelos tubérculos.

Da mesma família, a espécie *Eleocharis plantaginea* (Vahl) Roem. & Schult. dá tubérculos que eram empregados como alimento pelos aborígenes da Austrália.

Priprioca

Também conhecida no Brasil como *piripirioca*, em inglês é *chintul* e *jointed flat sedge*. Para os maori, da Nova Zelândia, é *piripiri*. Os colmos e os tubérculos desta espécie são utilizados em artesanato. O tubérculo é utilizado na culinária, na forma de creme, para preparar algumas sobremesas.

Este tubérculo também é conhecido como *adrue* e produz um óleo aromático com perfume leve, amadeirado, que lembra lavanda.

Botânica

Pertence à família das ciperáceas (*Cyperaceae*; monocotiledôneas, 98 gêneros e 4.350 espécies), que ocorre no mundo todo.

A priprioca é a espécie *Cyperus articulatus* L., que ocorre na África, na Ásia, na Australásia e na América. No Brasil e em muitos outros países, é tratada como erva invasora. Trata-se de uma planta perene, com até 2 metros de altura e caule fibroso, cilíndrico e oco, com 2 centímetros de diâmetro na base. O tubérculo é preto-avermelhado, com cerca de 3 centímetros de comprimento, em geral dois ou três tubérculos ligados entre si. Internamente, é bem claro em cor. As inflorescências são castanho-claras. A propagação é por segmentos ou brotação dos tubérculos.

Além da priprioca, são comestíveis os tubérculos de outras plantas desta família:

» *Bullrush*, ou *Schoenoplectus lacustris* (L.) Palla;
» cebola-silvestre-australiana (*wild onion*), o *Cyperus bulbosus* Vahl.;
» junco-bravo, ou *Cyperus nodosus* Willd.;
» papiro, ou *Cyperus papyrus* L.;
» tiririca, ou *Cyperus rotundus* L.

Outros tubérculos comestíveis

Batata-de-livingstone

Chamada *kafir-potato* em inglês e *dazo* em francês, a batata-de-livingstone é a espécie *Plectranthus esculentus* N. E. Br., pertencente à família das labiadas (*Labiatae*). É originária da África do Sul.

Chufa

Chamada *tiger nut* em inglês, é a espécie *Cyperus esculentus* L., da família das ciperáceas (*Cyperaceae*). É originária da Ásia ocidental e da África.

Cóleus

Chamado *Chinese potato* em inglês, o cóleus é a espécie *Plectranthus rotundifolius* (Poiret) Sprengel, da família das labiadas (*Labiatae*). É originário da África Ocidental.

Feijão-batata

Chamado *groundnut* em inglês, é a espécie *Apios americana* Medikus (*Apios tuberosa* é sinônimo), da família das leguminosas (*Leguminosae*). É originário da América do Norte.

Jarro

Chamado *lively penis* em inglês, o jarro é a espécie *Arum maculatum* L., pertencente à família das aráceas (*Araceae*), a mesma do cará e do inhame. É originário da Europa.

Seta-europeia

Chamada *arrowhead* em inglês, a seta-europeia é a espécie *Sagittaria sagittifolia* L., pertencente à família das alismatáceas (*Alismataceae*). É originária da Eurásia.

RIZOMAS

Um rizoma é um caule subterrâneo que se origina do botão vegetativo terminal, também chamado de plúmula. Assim, a planta que desenvolve rizoma não tem caule aéreo típico: o que aparece acima do solo são ramos com folhas ou só folhas. O rizoma apresenta nós e entrenós curtos; dos nós, saem raízes para baixo e ramos para cima. Ou seja, nessas plantas, o rizoma é o caule principal.

O rizoma é muitas vezes fibroso, como no caso do bambu. Há também rizomas espessos e ricos em reservas, carnosos ou suculentos, como na bananeira, no gengibre, na araruta, na cúrcuma e no inhame. Geralmente, os rizomas são horizontais. Podem se ramificar muito, como a íris.

O *rizoma tuberoso* nutre a nova planta até que ela seja forte para sobreviver sozinha, quando então se atrofia e seca. Em alguns grupos de plantas, os rizomas são importantes auxiliares na identificação botânica de espécies, como no caso das samambaias.

O rizoma pode ser subdivido em segmentos, que são empregados para produzir novas plantas – é uma forma de reprodução assexuada para a propagação da espécie.

Araruta

O amido da araruta é considerado um alimento de fácil digestão, indicado para idosos, crianças pequenas e pessoas doentes ou doentes em recuperação. É também recomendado para pessoas com restrições ao consumo de glúten. Emprega-se no preparo de mingaus, bolos, tortas e biscoitos. Não tem odor, é pouco brilhante e tem reação neutra. Na indústria alimentícia, emprega-se como constituinte do chocolate e outros confeitos. O amido é obtido do rizoma da planta: cerca de 25% do peso seco do rizoma é amido.

A planta é chamada pelos indígenas brasileiros de *aru-aru*. Em inglês, é *arrowroot* ou *obedience plant*. Já era cultivada na América há pelo menos 7 mil anos, um dado nem sempre aceito pelos arqueólogos. As maiores plantações da espécie, hoje, estão nas Bermudas e no arquipélago de São Vicente, nas Antilhas. Os indígenas do Brasil usam a massa ralada do rizoma, antes de ser espremida, para tratar ferimentos de flechadas com curare e picadas de insetos – o suco contém substâncias acres.

Ao comprar o pó branco vendido como araruta, é preciso tomar muito cuidado, pois pode ser amido de mandioca, de arroz, de milho, de batata e até mesmo farinha de trigo.

Botânica

Pertence à família das marantáceas (*Marantaceae*, monocotiledôneas; 29 gêneros e 536 espécies), que é tropical, especialmente da América. São ervas perenes com rizoma, o qual em geral acumula amido. As folhas apresentam padrões interessantes e com nervura central bem saliente. As flores são hermafroditas, e os frutos podem ser cápsulas ou bagas. Muitas espécies são ornamentais.

A araruta é a espécie *Maranta arundinacea* L., nativa da América Central tropical. Trata-se de um arbusto perene que pode chegar a mais de 1 metro de altura, com folhas em forma de lança, cobertas por muitos pelos na parte inferior. O rizoma é claro, coberto por escamas e atinge cerca de 30 centímetros de comprimento. As flores são pequenas, brancas e ficam isoladas ou em grupos na ponta dos ramos. O fruto apresenta muitas sementes. A espécie não gosta de solos encharcados e de regiões com inverno seco e quente. Propaga-se por sementes ou por mudas, que aparecem e são removidas dos rizomas. No sudeste do Brasil, é plantada de julho a outubro.

Ariá

Também conhecida como *láirem*, chama-se *sweet corn root* e *Guinea arrowroot* em inglês; *lerén, agua-bendita, topi-tambu* em espanhol; e *alléluia* em francês. É cultivada em pequena escala na parte tropical da América, sendo alimento de subsistência de algumas regiões da Amazônia. O rizoma, que é preparado como a batata, é coletado cerca de um ano após o plantio. Pode ser comida cozida ou em saladas, sendo o gosto semelhante ao do milho verde. A inflorescência jovem também é comestível, sendo preparada como hortaliça. A farinha preparada a partir do rizoma contém 15% de amido e 7% de proteína. Em 100 gramas de rizoma fresco, há 9 gramas de carboidrato, 0,5 de proteína e 0,8 grama de gordura. A folha é usada em medicina caseira para tratar de cistite. É uma espécie que tem potencial como ornamental.

Botânica

Pertence à família das marantáceas (*Marantaceae*, monocotiledôneas; 29 gêneros e 536 espécies), como a araruta.

A ariá é *Calathea allouia* (Aublet) Lindley (*Maranta allouia* é um sinônimo). Nativa da parte central e norte da Amazônia e das Antilhas, é uma planta herbácea que chega a 1,5 metro de altura, com folhas alongadas de até 50 centímetros de comprimento e 20 centímetros de largura. O rizoma tuberoso atinge 5 centímetros de comprimento e 3 de largura, é esbranquiçado e tem casca castanha.

As flores são brancas, produzidas em inflorescência terminal com até 10 centímetros de comprimento. Propaga-se pela divisão dos rizomas.

Cúrcuma

Também chamada *curcuma, curcumina, açafrão-falso, açafrão-dos-trópicos, açafrão-da-terra, açafrão-da-índia*, é conhecida como *turmeric* pelos britânicos e como *haldi* pelos indianos. Muitos brasileiros também a chamam simplesmente de *açafrão*. O nome *cúrcuma* vem do árabe *karkum*, que quer dizer "açafrão", porque a cor lembra a do açafrão-verdadeiro (que são os estigmas secos de *Crocus sativus* L., da família *Iridaceae*; são necessárias 100 mil flores para se obter 1 quilograma deste açafrão).

Cultivada há mais de dois milênios na antiga Assíria, na China e na Índia, a cúrcuma foi levada para o Ocidente pelos persas. No Brasil, foi introduzida pelos portugueses, logo após o descobrimento, mas é pouco cultivada no país. Os rizomas são fervidos por horas e, depois, secos em fornos bem quentes, antes de serem moídos. O pó é usado em culinária para dar sabor e colorir, com sua cor amarelo-brilhante – deve-se empregá-lo com parcimônia, para não dar sabor exagerado ao prato. É um dos ingredientes do *curry*.

Como corante, é empregado para dar cor amarela às bebidas enlatadas, em produtos assados, em queijos, sorvetes, iogurte, bolos, suco de laranja, cereais e gelatinas – e ainda protege os produtos dos efeitos da luz solar. Muito antes de seu uso como especiaria, a matéria corante era utilizada para pintar o corpo humano durante cerimônias religiosas nos locais de origem, como casamentos, nascimentos e mortes. Mais tarde, foi empregada para colorir tecidos, como seda e lã, sendo muito usada em tapetes, mas os panos perdiam a cor com o passar do tempo.

Emprega-se também para colorir pomadas na indústria farmacêutica, como os protetores solares. Em medicina caseira, é utilizada como antisséptico em cortes e queimaduras, e era usada para duchas vaginais. Garcia de Orta (1501-1568) considerava o rizoma um remédio para doenças dos olhos e contra a sarna. Estudos atuais pesquisam a espécie para possível tratamento do mal de Alzheimer. Por ser uma planta considerada excitante e quente, atribuem-lhe qualidades afrodisíacas.

O maior produtor mundial de cúrcuma é a cidade de Erode, no sul da Índia – por essa razão, a cidade passou a ser denominada "cidade amarela".

O princípio ativo da cúrcuma chama-se curcumina.

Botânica

Pertence à família das zingiberáceas (*Zingiberaceae*, monocotiledôneas; 52 gêneros e 1.100 espécies), que é tropical, originária da região asiática que vai da Índia até Nova Guiné. Suas espécies são ervas caulescentes, aromáticas, com rizoma espessado e células secretoras com óleos essenciais. As flores são hermafroditas, e o fruto é uma cápsula, mas pode ser fruto carnoso indeiscente. As sementes apresentam arilo. Muitas das especiarias são desta família, como a verdadeira pimenta-malagueta (*Aframomum melegueta* Schumann); originária do oeste da África e encontrada nas costas de Guiné, em Benim e Gana, hoje é praticamente desconhecida no Ocidente. Continua sendo utilizada na culinária dos países de origem, bem como no Marrocos e na Tunísia.

A cúrcuma é a espécie *Curcuma longa* L., uma planta herbácea perene, originária do Oriente (na verdade, sua origem é incerta, pois não cresce naturalmente em lugar algum). Precisa de temperaturas entre 20 e 30 °C e muita água. Não possui caule aéreo e alcança 1,5 metros de altura. As folhas são longas, verde-claras e alongadas. As flores são amarelo-pálidas, em inflorescência com até 15 centímetros de comprimento. Os rizomas tuberosos são cilíndricos e variam de 2 a 10 centímetros de comprimento. Segmentos dos rizomas são utilizados para propagar a espécie.

É muito usada em perfumaria indiana e para aromatizar sabões e sabonetes. O rizoma é usado como afrodisíaco. Em medicina caseira, é tida como estimulante, empregada contra cólicas, flatulência e problemas gerais do aparelho digestivo – mas é pouco usada, já que o gengibre tem os mesmos efeitos. Na Índia, é empregada para tratar picadas de cobra. No Brasil, é vendida como produto fitoterápico.

Gengibre

Na época dos descobrimentos, os portugueses encontraram o gengibre por todo o Oriente e pela costa oriental da África, e o levaram para São Tomé e, dali, para o Brasil. Logo, a produção brasileira chegou a um grande porte, o que levou o rei dom Sebastião (1554-1578) a proibir a cultura no Brasil e em São Tomé, concentrando tudo na Índia, pois, na época, as especiarias eram importante produto de comércio das colônias asiáticas para mercadores portugueses e holandeses. Esses mercadores tinham o monopólio das especiarias das colônias e eram muito poderosos. Em 1671, o rei de Portugal dom Afonso VI (1643-1683) iniciou uma política vigorosa em relação às especiarias – a concorrência dos comerciantes portugueses nas poucas colônias orientais caíra a níveis muito baixos, e a ameaça dos holandeses não preocupava mais. Das espécies plantadas no Brasil, parece que o gengibre foi a única especiaria a sobreviver em grande escala: dom Afonso VI baixou um édito permitindo aos brasileiros enviar para Lisboa o gengibre – o que mostrava em definitivo a existência dessa planta, antes proibida, no Brasil. Os espanhóis já tinham introduzido o gengibre na Jamaica, entre 1525 e 1547.[18]

Na Antiguidade, os persas usavam o gengibre como condimento, e deles os gregos herdaram o uso do rizoma, que passou para os romanos. Após uma refeição pesada, para auxiliar na digestão, os gregos colocavam um rizoma fresco dentro do pão e o comiam como se fosse sanduíche – seria a origem do pão de gengibre. Marco Polo foi o primeiro europeu que viu a planta na Índia e na China, entre 1280 e 1290, onde há mais de 5 mil anos era usada para conservar os alimentos. Na Europa, o gengibre passou a ser muito utilizado no século XIII.

Na Inglaterra e em Serra Leoa, faz-se uma cerveja de gengibre, a *ginger ale*. No norte da África, é usado para condimentar o cuscuz e, no Brasil, é fervido com a pinga para fazer o quentão, muito usado nas festas juninas. Nos dias de hoje, o rizoma é usado fresco, em conserva, mantido em xarope, seco, em pó ou cristalizado. Emprega-se em biscoitos, bolos, pães, doces, confeitos, cerveja, vinho, conhaque, xampu e cosméticos. O gengibre estimula a produção de saliva, o que melhora a deglutição dos alimentos.

Acredita-se que o rizoma do gengibre tenha propriedades curativas, que foram citadas por Confúcio (551-479 a.C.) e pelo médico Dioscórides (40-90 AD). Também no Corão são mencionadas as virtudes curativas do gengibre, considerado uma planta sagrada na medicina islâmica. O gengibre torna a voz dos cantores mais clara e agradável.

É considerado afrodisíaco na medicina chinesa tradicional, e, como melhora a circulação sanguínea, é usado contra disfunção erétil do pênis. Nos tempos mais antigos, era mascado e, com a saliva formada, eram massageados os órgãos genitais. O óleo de gengibre é também usado para massagear o abdômen, causando calor ao corpo e, assim, excitando os órgãos sexuais. A flor do gengibre exala um aroma que desperta desejos sensuais. O extrato de rizomas de gengibre causa relaxamento em tecidos isolados do corpo cavernoso do pênis de coelhos.[19]

Como medicamento, o gengibre é empregado para aliviar náuseas, tanto a pós-cirúrgica como as causadas por movimento, por quimioterapia e por gravidez. É usado ainda para tratamento de artrite reumática, osteoartrite e dores dos músculos e das articulações. Emprega-se hoje na medicina asiática para tratar dor de estômago, náusea e diarreia. Nos Estados Unidos, muitos suplementos utilizados contra náusea, resfriados e gripes têm como ingrediente o extrato de gengibre.

O odor e o sabor característicos deste rizoma são o resultado da mistura de óleos voláteis de zingerona (ou vaninilacetona), shogaol e gingerol – que são responsáveis por 3% do peso do gengibre fresco. O gingerol é o constituinte ativo do gengibre fresco e é uma substância que tem semelhanças com a capsaicina de várias pimentas; já as outras duas substâncias são produzidas quando o gengibre é transformado em pó ou é cozido. O gengibre tem também cerca de 3% de óleos essenciais, sendo o mais comum o zingibereno. O gosto pungente do gengibre é causado por compostos não voláteis, derivados de gingerol e shagaol.

Os portugueses, pioneiros entre os navegadores e colonizadores, também foram os primeiros a escrever um relatório dedicado à flora da Índia, em 1564. Seu autor é Garcia de Orta (1501-1568), o médico do vice-rei de Goa. O relatório foi rapidamente traduzido para o latim e, assim, espalhado entre a comunidade científica europeia. Em 1891, uma edição anotada pelo Conde de Ficalho foi publicada em Lisboa, *Colóquios dos simples e drogas da Índia*,[20] onde o gengibre é descrito.

Os grandes produtores de gengibre são os países do sudeste asiático, Jamaica, Serra Leoa e Nigéria. No Japão e na Coreia, além do gengibre, também emprega-se em culinária o gengibre-japonês, ou gengibre-mioga, do qual que são usados como condimento as flores e os ramos bem jovens. Os japoneses aromatizam o missô com flores bem picadinhas.

Botânica

Pertence à família das zingiberáceas (*Zingiberaceae*, monocotiledôneas; 52 gêneros e 1.100 espécies), que é tropical, originária da região asiática que vai da Índia até Nova Guiné. Suas espécies são ervas caulescentes, aromáticas, com rizoma espessado e células secretoras com óleos essenciais. As flores são hermafroditas, e o fruto é uma cápsula, mas pode ser fruto carnoso indeiscente. As sementes apresentam arilo. Muitas das especiarias são desta família, como a verdadeira pimenta-malagueta (*Aframomum melegueta* Schumann); originária do oeste da África e encontrada nas costas de Guiné, em Benim e Gana, hoje é praticamente desconhecida no Ocidente. Continua sendo utilizada na culinária dos países de origem, bem como no Marrocos e na Tunísia.

O gengibre é a espécie *Zingiber officinale* Rosc., originária do sudoeste da Ásia, da Índia. Trata-se de uma espécie herbácea perene, de clima tropical de alta umidade e alguma sombra. Apresenta um rizoma tuberoso ramificado; dos nós, saem ramos aéreos, que apresentam folhas longas e finas. A planta atinge cerca de 1 metro de altura, com folhas de até 20 centímetros de comprimento. O caule floral é curto, e inflorescências com até 8 centímetros de comprimento carregam flores pequenas avermelhadas de aroma agradável. As plantas em cultivo são estéreis e propagam-se por divisão dos rizomas, que são plantados quando começam a brotar. O gengibre-mioga é *Zingiber mioga* (Thunb.) Rosc.

Inhame

A palavra *inhame* deriva de *ñam*, palavra senegalesa que significa "para comer". Chamado em inglês de *taro* ou *elephants ear*, é conhecido na Ásia e nas ilhas do Pacífico como *cocoyam*, *kalo*, *keladi* e *talas*; na Índia, como *aivi*; no Japão, como *imo*; no Caribe, como *dasheen*; e na África do Sul, como *madumbe*. Em espanhol, é *malanga*, *alcocaz* e *colocasia*. Em português, é também conhecido como *taioba-de-são-tomé*, *inhame-da-costa*, *inhame-da-áfrica* e *inhame-branco*. Em francês, é *colocasie*. Difere do cará, que é da família dioscoreácea.

O inhame foi domesticado na Nova Guiné cerca de 7 mil a.C. Durante muito tempo, esse rizoma tuberoso foi, para o homem da região, a única fonte de carboidratos. A espécie era cultivada na Índia 5 mil anos a.C. e, de lá, foi levada para o Egito, onde foi apresentada aos gregos e aos romanos como um importante elemento da agricultura. Os romanos usavam o inhame como hoje usamos a batata: cozido em água, inteiro ou em fatias, puro ou com carne ou ave. Após a queda do Império Romano, caiu em desuso na Europa, pois era importado do Egito, e o comércio reduziu-se muito. Passou a ser conhecido na região do Mediterrâneo na época clássica.

Foi trazido para o Brasil pelos portugueses, no início do século XVI. Hoje, é cultivado em todas as regiões tropicais e subtropicais do mundo, principalmente na África e na Polinésia, onde tem grande importância como base alimentar. A produção anual é de cerca de 9 milhões de toneladas.

Tanto as folhas como o rizoma tuberoso são comestíveis, mas devem ser utilizados cozidos. As folhas jovens são utilizadas como se faz com o espinafre. Os caules novos, de plantas mantidas no escuro, portanto branqueados, têm gosto de cogumelos. Quando é cortado ainda fresco, o rizoma libera uma seiva cáustica, devido à presença de oxalato de cálcio (essa substância é destruída pelo cozimento ou mantendo-se o rizoma picado em água fria por uma noite). O amido retirado do rizoma tuberoso apresenta-se em grãos muito pequenos. Além do amido, o rizoma tuberoso é rico em vitaminas do complexo B e em cálcio, ferro e fósforo, mas muito pobre em proteínas. A farinha de inhame é largamente utilizada para engrossar alimentos, semelhante ao polvilho. Algumas variedades são mais indicadas para ornamentação, e outras, para o uso alimentar.

No Brasil, é preparado como a batata: cozido em água ou no vapor, assado, ralado e na forma de purê. É considerado um alimento saudável, bom para o sistema imune, particularmente no tratamento preventivo de malária, febre amarela e dengue. Como emplasto, usado cru, é empregado no tratamento de bolhas d'água causadas por queimadura e/ou inflamação.

No Havaí, do rizoma, é preparado o *poi*, um tipo de pasta fermentada.

Botânica

Pertence à família das aráceas (*Araceae*, monocotiledôneas; 104 ou 105 gêneros e 2.550 espécies), que é de distribuição tropical e subtropical, com poucas espécies na região temperada. Apresenta arbustos escandentes e lianas com raízes aéreas. Algumas espécies são ervas enormes, com bulbos ou tubérculos. A inflorescência é um espádice perfumado – uma espiga de flores unissexuais e eixo carnoso, envolvida por uma bráctea ampla, em geral colorida, chamada espata. As numerosas flores pequenas são polinizadas por insetos, principalmente moscas e besouros. O fruto é, na maioria das espécies, uma baga. É uma família de muitas plantas ornamentais.

O inhame é a espécie *Colocasia esculenta* (L.) Schott, originária das áreas de brejo do sudeste tropical da Ásia. Dependendo do local, pode ser considerada uma erva invasora de rios e lagos. É uma planta herbácea perene, sem caule (acaule), com folhas grandes de até 40 centímetros de comprimento, cordiformes, variando da cor verde ao roxo-escuro, que saem do rizoma. Apresenta rizomas tuberosos, de formas e tamanhos variados, espessos, com casca escamosa, fibrosa e de cor castanha. Quando o solo é fofo e há bastante água, o rizoma pode atingir até 1,5 metro de comprimento e cerca de 15 quilogramas. Seu interior é farináceo. A inflorescência, o espádice, é envolvida por uma espata longa; as flores femininas ficam na base do espádice, e as masculinas, no topo. O fruto é uma baga. A formação de sementes é muito rara. A propagação é feita com pedaços de rizomas, cada um com uma gema. No Brasil, a época do plantio vai de julho a outubro.

Lótus

O rizoma do lótus, *sacred lotus*, *Indian lotus*, *bean of India* ou *Egyptian bean*, é o *rencon* dos japoneses. Mede 20 centímetros de comprimento e 6 de diâmetro, com casca lisa e esverdeada. O interior tem polpa branca e crocante, sendo percorrido por longas cavidades de ar, que mantêm o rizoma boiando na água. Quando seccionado transversalmente, o corte parece a roda de uma carroça. O rizoma é usado como hortaliça em sopas, frito como *tempurá* ou assado. Tanto o rizoma como as pétalas das flores são comidos crus, mas, neste caso, há perigo de contaminação por parasitas.

Do rizoma, os chineses produzem uma farinha que empregam como a araruta. De cor levemente creme e sabor forte, é apreciada pela maioria das pessoas – tem sabor semelhante ao do queijo *cheddar* com um leve toque de limão. Produtos feitos com lótus e óleo são muito apreciados, como biscoitos e frituras. A adição de sal parece neutralizar o gosto, deixando-o muito mais leve. No caso de pães, recomenda-se preparar pães pequenos, pois o resultado final é bem melhor que no caso de um pão grande. Meio quilo de farinha de lótus tem cerca de 1.500 calorias, com uma composição de cerca de 70% de carboidratos, 8% de proteínas, 0,7% de gordura, 12% de fibras e 3% de minerais.

Além dos rizomas, todas as partes da planta são comestíveis. As sementes verdes são comidas cruas, e as sementes maduras, depois de removida a casca, são assadas ou transformadas em farinha.

Na China, o lótus é fonte de um anti-hemorrágico chamado quercetina.

O lótus é planta sagrada na Índia, no Tibete e na China. Na religião hindu, diz-se que a planta brotou do umbigo do deus Vishnu e, da sua flor, nasceu Brahma, o criador do mundo. Foi levado para o Egito em 500 a.C., mas não existe mais no rio Nilo. A flor é o símbolo da vagina cósmica, e as sementes, o símbolo da criação divina. Por essa razão, é considerada afrodisíaca, porém até hoje nenhuma substância afrodisíaca foi nela encontrada.

As sementes do lótus permanecem viáveis por várias centenas de anos, na lama no fundo dos rios. O lótus é cultivado na China há milhares de anos. A semente mais antiga que germinou tem 1.300 anos, datada pelo carbono 14, e foi encontrada há mais de oitenta anos em um lago seco em Xipaozi, uma vila no nordeste da China – é, até hoje, a semente mais antiga a germinar. Pesquisas recentes mostraram sementes que germinaram datadas entre duzentos e quinhentos anos.[21]

Botânica

Pertence à família das nelumbonáceas (*Nelumbonaceae*, dicotiledôneas; um só gênero com duas espécies), que ocorre no leste da Ásia e no nordeste da América do Norte. São ervas com rizomas, aquáticas, com laticíferos. As folhas são mantidas acima do nível da água, devido aos pecíolos longos. As flores são solitárias. Os frutos são núculas duras mantidas em um receptáculo, com uma semente por fruto. O único gênero é *Nelumbo*.

O lótus é a espécie *Nelumbo nucifera* Gaertner. Originário da Ásia, é uma erva perene aquática, com rizomas, apresentando laticíferos. Apresenta vasos somente nas raízes. Cresce em águas paradas de lagos, lagoas e na parte mais calma dos rios. As folhas, com pecíolo longo, são mantidas fora da água, assim como as flores hermafroditas solitárias. As flores são vermelhas, e volatilizam perfume que atrai os polinizadores (em geral, os besouros).

A flor de lótus tem a capacidade de regular sua temperatura, como fazem os animais de sangue quente (como o homem). Cientistas australianos verificaram que, durante a floração da espécie, no Jardim

Botânico de Adelaide, as flores mantinham a temperatura entre 30 e 35 °C, de modo independente da temperatura externa. O calor seria responsável pela liberação dos odores que atraem os polinizadores.[22]

A floração ocorre na primavera e no início do verão. Depois de florescer, há lignificação para formação dos frutos. O fruto múltiplo é constituído por mais ou menos vinte núculas livres, afundadas em cavidades do receptáculo, hemisférico e de ápice truncado, fibroso e leve. O fruto lembra a cabeça de um chuveiro antigo. Cada núcula contém uma semente, com 2 centímetros de comprimento. A propagação é por sementes, que precisam sofrer escarificação, ou por divisão de rizomas.

O *lótus-americano*, também conhecido como *lótus-amarelo* e em inglês chamado de *water chinquapin*, é outra espécie do gênero que apresenta rizomas comestíveis: *Nelumbo lutea* (Willd.) Pers., nativa da América do Norte e da América Central.

Mangarito

Também conhecido como *taioba*, *carazinho*, *mangareto* ou *mangarás*, é chamado, na Costa Rica, de *tiquizque* ou *macal*; em Porto Rico, de *malanga* ou *yautia*; e, em inglês, de *arrowleaf* ou *elephant ear*. Foi introduzido no Brasil pelos holandeses. Seu cultivo parece ser muito antigo: das Antilhas, espalhou-se pela América Central, México, Bolívia.

A domesticação da espécie deve ter ocorrido em várias regiões. Da América, o mangarito foi levado para a África Ocidental, onde preparam com ele o *fufu*, que é muito popular. Trata-se de uma pasta grossa de mangarito cozido, usada como acompanhamento para cozidos de carne ou de legumes. Na hora de servir, faz-se uma bola da massa com a mão, e na parte central molda-se um buraco onde se coloca o cozido de carne ou legumes.

Desta planta, utilizam-se os rizomas tuberosos, empregados em cozidos, sopas ou simplesmente cozidos como batata. As folhas novas, ricas em vitamina A, também são usadas como verdura cozida.

O rizoma tuberoso pode ser mantido em temperatura ambiente por várias semanas; por mais tempo se o armazenamento é em geladeira. Deve ser cozido antes de ser utilizado em culinária. A farinha é rica em amido e fibras. De todos os carboidratos complexos, os grãos de amido são os menores e os mais fáceis de digerir. A farinha é usada para substituir a farinha de trigo na feitura de biscoitos e alguns tipos de pão. Em Porto Rico, o mangarito é triturado com banana verde, tornando-se uma pasta mole na qual se acrescenta porco ou presunto, e a mistura é então cozida envolta em folha de bananeira. No Suriname, onde o rizoma é chamado *tayher*, ele é ralado grossamente e assado com galinha.

Botânica

Pertence à família das aráceas (*Araceae*, monocotiledôneas; 104 ou 105 gêneros e 2.550 espécies), como o inhame.

O mangarito é a espécie *Xanthosoma sagittifolium* (L.) Schott, originária das Antilhas, na América Central. Trata-se de uma planta herbácea perene, sem caule e com rizoma tuberoso rico em carboidratos, que exsuda uma seiva leitosa. Há um órgão subterrâneo central, de onde saem muitos rizomas menores, que pesam até 1 quilo. O interior varia na coloração, de creme a amarelo ou róseo. As folhas são grandes, verde-claras, em forma de lança e com longos pecíolos. O espádice é de cor creme. A formação de sementes é muito rara. No Brasil, o plantio é feito em setembro e outubro, para colher em abril e junho, quando a parte aérea da planta está seca. Propaga-se pelos rizomas e por sementes.

Tupinambo

Também é conhecido como *alcachofra-de-jerusalém*, do inglês *Jerusalem artichoke*, nome que, para o botânico Mabberley, é uma corruptela do italiano *girasole*, uma vez que a planta nada tem a ver com

Jerusalém nem com alcachofra. Em português, também é chamado *girassol-batateiro*. Outros nomes são *sunroot*, *sunchoke*, *earth apple* e *topinambur*, em inglês, e *topinambour*, em francês.

Em muitos laboratórios, o rizoma da espécie foi bastante empregado em estudos de cultura de células. Tem sabor adocicado, graças à frutose da inulina, que é um bom alimento para os diabéticos (embora não seja bem digerida por todas as pessoas, causando, em muitos casos, flatulência e dores gástricas).

A planta já era usada como alimento pelos indígenas americanos antes da chegada dos europeus. Foi levada para a Europa em 1616, onde o rizoma passou a ser comido cozido, e era também dado ao gado. Na Inglaterra, é muito popular uma sopa cremosa feita com os rizomas.

Na Alemanha, em Baden-Württemberg, produz-se um licor denominado *Toppinambur*, *Topi* ou *Rossler* – 90% dos rizomas produzidos na região são usados para fazer o licor.

Botânica

Pertence à família das compostas (*Compositae*, também chamada de *Asteraceae*, dicotiledôneas; 1.538 gêneros e 22.750 espécies), que ocorre quase no mundo todo, menos na Antártica. São ervas, arbustos, trepadeiras e árvores, mas cerca de 98% dos gêneros têm pequeno porte. As flores são agrupadas em inflorescências – os capítulos. O fruto é um aquênio. É uma das mais importantes famílias de plantas, mas não tem o valor econômico das leguminosas ou das gramíneas.

O tupinambo é a espécie *Helianthus tuberosus* L., originária da América do Norte. *Helianthus* vem do grego *helios*, que quer dizer "sol", e *anthos*, "flor"; o nome significa que a flor segue o curso diário do sol. Trata-se de uma planta perene herbácea, que pode chegar a 3 metros de altura, com folhas opostas na parte basal do caule. As folhas pilosas têm textura grosseira. As flores são amarelas, dispostas em capítulos com até 10 centímetros de diâmetro. Os rizomas tuberosos (há anatomistas que os consideram tubérculos) são alongados, nada uniformes, com até 10 centímetros de comprimento e 5 de espessura, de cor branca, castanho-clara, vermelha ou roxa. A propagação é feita com o uso dos rizomas.

Zedoária

Também conhecida como *gengibre-azul*, chama-se *wild turmeric* ou *zedoary* em inglês, *zedoaire* em francês, *Zitwer* em alemão, *zedoaria* em italiano, *cedoaria* em espanhol e *kentjur* ou *temu putih* na Indonésia. Na Índia, é conhecida como *amb-halad*, por ter aroma semelhante ao da manga (*amb*). O rizoma apresenta interior branco, e, apesar do aroma de manga, o sabor lembra mais o gengibre, deixando um gosto amargo depois de ingerido. A zedoária foi levada para a Europa no século VI pelos árabes, e tornou-se muito popular ao longo da Idade Média. Depois, foi substituída pelo gengibre, sendo hoje muito rara nos países ocidentais.

O sabor da planta é amargo e picante, e, quando mascado, o rizoma torna a saliva amarela. Em culinária, a zedoária é usada como o gengibre. Na Índia, é servida fresca ou como picles. Já na Indonésia, em pó, é um dos ingredientes do *curry*, tempero utilizado principalmente com frutos do mar. O rizoma é amassado com cúrcuma, para produzir uma pasta empregada para temperar pratos de carneiro ou galinha com *curry*. Emprega-se a zedoária também para aromatizar bebidas, como alguns licores.

É muito usada em perfumaria indiana e para aromatizar sabões e sabonetes. Seu rizoma tem fama de afrodisíaco. Em medicina caseira, é um estimulante, empregado contra cólicas, flatulência e problemas gerais do aparelho digestivo – mas é pouco usada, já que o gengibre tem os mesmos efeitos. Na Índia, é empregada para tratar picadas de cobra. No Brasil, é vendida como fitoterápico.

Botânica

Pertence à família das zingiberáceas (*Zingiberaceae*), a mesma do gengibre.

A zedoária é a espécie *Curcuma zedoaria* (Christm.) Roscoe, nativa da Ásia tropical (*Curcuma zerumbet* é um sinônimo). Trata-se de uma planta herbácea perene, que cresce em florestas úmidas das regiões tropicais e subtropicais. Apresenta rizomas tuberosos grandes alongados e ramificados.

As hastes florais surgem apenas depois da queda das folhas. As flores amarelas apresentam brácteas vermelhas e verdes, perfumadas. Os ramos com folhas são longos e chegam a 1 metro de comprimento. A propagação ocorre pela brotação de segmentos do rizoma, mas a colheita de rizomas só pode ser feita dois anos após o plantio inicial.

Outros rizomas comestíveis

Araruta-indiana

Chamada em inglês de *Bombay arrowroot* e *tikor* na Índia, é a espécie *Curcuma angustifolia* Roxb., da família das zingiberáceas (*Zingiberaceae*). É nativa da Ásia tropical.

Biri

Chamado de *edible canna* em inglês, é a espécie *Canna edulis* Ker Gawl., da família *Cannaceae*. É originária dos Andes.

Borragem-oriental

Chamada pelos ingleses de *Abraham-Isaac-Jacob*, é a espécie *Trachystemon orientalis* (L.) G.Don, pertencente à família *Boraginaceae*. É nativa da Europa oriental.

Cálamo

Chamado de *sweet flag* em inglês, é a espécie *Acorus calamus* L., da família das acoráceas (*Acoraceae*). É originário da região temperada norte e também da Índia até Nova Guiné.

Cananga-do-japão

Chamada em inglês de *resurrection lily* e *tropical crocus*, é a espécie *Kaempferia rotunda* L., da família das zingiberáceas (*Zingiberaceae*). É nativa da Ásia tropical e da Ásia temperada.

Copo-de-leite

Também chamado de *cala-branca*, *lírio-do-nilo* — em inglês, *white arum lily* —, é a espécie *Zantedeschia aethiopica* (L.) Sprengel, da família *Araceae*, mesma do inhame. É originária da África do Sul.

Flor-de-lis

Chamada de *yellow flag* em inglês, é a espécie *Iris pseudacorus* L., da família *Iridaceae*. É originária da Europa ocidental, desde o Mediterrâneo até o Irã.

Galanga

Chamada *galanga* em inglês, é a espécie *Kaempferia galanga* L., da família das zingiberáceas (*Zingiberaceae*). É originária do sudeste da Ásia.

Galangal

Chamado de *galangale, greater galanga, Siamese ginger, languas* e *maranta galanga* em inglês, é a espécie *Alpinia galanga* (L.) Willd., da família das zingiberáceas (*Zingiberaceae*). É originária das regiões mais secas da Ásia tropical e da Ásia temperada.

Galangal-menor

Chamado de *Chinese ginger, lesser galanga* e *lesser galangal* em inglês, é a espécie *Alpinia officinarum* Hance, da família das zingiberáceas (*Zingiberaceae*). É originária do leste e do sudeste da Ásia.

Gengibre-anão

É a espécie *Alpinia arundelliana* (Bailey) K. Schum.

Gengibre-silvestre

É a espécie *Asarum caudatum* Lindl. (família *Aristolochiaceae*), originária das florestas úmidas de solos ricos da América do Norte, do Canadá e dos Estados Unidos.

Inhame-elefante

Chamado de *elephant yam, elephant foot yam, whitespot giant arum, stink lily* e *telinga potato* em inglês, é a espécie *Amorphophallus paeoniifolius* (Dennst.) Nicholson, da família das aráceas (Araceae). É nativo da Indomalásia.

Íris-florentina

Chamada em inglês de *German iris* e *Florentine orris*, é a espécie *Iris* x *germanica* L., da família *Iridaceae*. É originária do sul da Europa e da região do Mediterrâneo.

Lírio-de-um-dia

É a espécie *Hemerocallis graminea* Schlecht., da família *Hemerocallidaceae*, e se distribui desde o leste da Sibéria até o Japão.

Lírio-flamejante

É a espécie *Hemerocallis fulva* (L.) L., da família *Hemerocallidaceae*. Originária do leste asiático, é cultivada na Europa há séculos e, mais recentemente, na América.

Nenúfar-americano

Também chamado de *spatterdock*, *India pond lily*, *yellow pond* e *cow lily*, é a espécie *Nuphar polysepalum* Engelm., da família *Nymphaeaceae*. É originário do norte da América do Norte.

Ninfeia-azul

Também chamada de *lírio-d'água-azul* e, em inglês, de *sacred lily*, *blue water lily* ou *blue lotus*, é a espécie *Nymphaea nouchali* Burm.f. var. *caerulea* (Savigny) Verdc., da família *Nymphaeaceae*. É muito comum na África do Sul.

Noz-de-raposa

Chamada de *fox nut* em inglês e *qian shi* em chinês, é a espécie *Euryale ferox* Salisb., da família *Nymphaeaceae*. Trata-se de uma planta anual nativa de uma região que vai da China ao norte da Índia e o Japão.

Porrete-dourado

Conhecido como *golden club* pelos norte-americanos, é a espécie *Orontium aquaticum* L., da família *Araceae*, a mesma do inhame. É originária da região leste da América do Norte.

Salsaparrilha-da-jamaica

É a espécie *Jamaican sarsaparilla* Smilax regelii Killip & Morton, da família *Smilacaceae*. É nativa da América Central.

Samambaia-do-campo

Chamada de *bracken* em inglês, é a espécie *Pteridium aquilinum* (L.) Kuhn, da família *Dennstaedtiaceae*, que ocorre no mundo todo. É uma samambaia, planta que não apresenta flores – há várias outras samambaias com rizoma comestível.

Taboa

Chamada também de *rabo-de-gato* e, em inglês, de *cattail*, é a espécie *Typha latifolia* L., da família *Typhaceae*. Ocorre no mundo todo e é muito comum na região temperada do hemisfério Norte, sendo nativa da Europa, da Ásia, da África, das Américas do Norte, do Sul e Central.

Timbre-de-salomão

É a espécie *Polygonatum multiflorum* (L.) All., da família *Convallariaceae*. É nativa do norte da Europa e da Sibéria.

Yellowshow-mexicana

Chamado em inglês de *Mexican yellowshow* ou *yellowshow*, é a espécie *Amoreuxia palmatifida* Moçiño & Sessé ex DC., da família *Bixaceae*. Distribui-se desde o Arizona, nos Estados Unidos, até a América Central.

GENGIBRE
Zingiber officinale Rosc.

TABOA
Typha latifolia L.

TULIPA DE JARDIM
Tulipa kaufmanniana Regel

LÓTUS
Nelumbo nucifera Gaertner.

BATATA-DOCE
Ipomoea batatas (L.) Lam.

BETERRABA
Beta vulgaris L.

FUNCHO
Foeniculum vulgare Mill.
var. *azoricum* (Miller) Thell.

CEBOLA
Allium cepa L.

CORMOS

Um cormo é um caule muito contraído e espessado, que constitui um órgão de armazenamento, principalmente de amido. É mais comum nas monocotiledôneas.

Muitas plantas sobrevivem ao inverno rigoroso graças a ele. O cormo consiste de nós e entrenós, com pelo menos um ponto de crescimento protegido por folhas modificadas (túnica), que têm consistência de papel. Internamente, o cormo é estruturado com tecido sólido, o que o diferencia de um bulbo, já que este é estruturado em camadas de escamas carnosas – quando o cormo é cortado ao meio, as duas metades são sólidas. O cormo produz raízes adventícias, e na parte superior as gemas se desenvolvem em ramos com folhas normais e flores. Na parte basal, o cormo forma pequenos cormos, principalmente quando sua parte apical foi danificada – eles servem para propagar a espécie. Muitos cormos produzem dois tipos de raízes: as que nascem na base deles são raízes fibrosas normais, e as do segundo tipo são raízes contráteis, grossas, que puxam mais para baixo no solo os novos e pequenos cormos (elas não se formam mais quando o novo cormo está finalmente posicionado).

Na literatura científica, há até hoje divergências, e muita gente chama alguns cormos de tubérculos e tubérculos de cormos.

Existem muito poucas espécies que apresentam cormos comestíveis, e as que apresentam não têm muita importância econômica.

Gladíolos

Como surgiu o gladíolo? Diz a lenda que um lenhador cortou uma árvore sagrada, matando a ninfa que ali morava. Do sangue da ninfa, surgiu o gladíolo. O nome vem da palavra latina *gladius*, uma espada pequena usada pelos romanos, cuja forma é semelhante à das folhas da planta.

O cormo de algumas espécies de gladíolos é comestível, sendo usado em alimentação em alguns países africanos. No passado distante, o homem conhecia mais os gladíolos como uma festa para o estômago, e não para os olhos. No Zaire, o cormo amiláceo é cozido e, depois, lavado em várias trocas de água antes de ser ingerido. Alguns cormos são comidos por babuínos, que escavam a terra a sua procura.

O gladíolo foi descoberto na década de 1920, na província de KwaZulu-Natal (frequentemente chamada de KZN), na África do Sul. Os gladíolos ocorrem em campos dominados por gramíneas, savanas e matas da região ao sul do Saara, na África, ocorrendo também em Madagascar e na Arábia. As espécies silvestres africanas são fonte importante de genes para a produção de híbridos ornamentais.

Na África, os gladíolos são usados em medicina caseira para tratamento de resfriados e diarreias. A propagação é por sementes ou pelos pequenos cormos.

Botânica

Várias espécies pertencem à família das iridáceas (*Iridaceae*, monocotiledôneas; 82 gêneros e 1.700 espécies), a mesma do açafrão, que ocorre no mundo todo, com centro de dispersão na África. Suas espécies, em geral, são ervas perenes, com cormos, rizomas ou bulbos. As plantas anuais são raras. As flores são hermafroditas e muito vistosas, e numerosas espécies são importantes como flores de corte. Os frutos são cápsulas, e as sementes muitas vezes apresentam arilo.

A espécie *Gladiolus dalenii* Van Geel, o *lírio-cabeça-de-dragão* ou *lírio-de-natal*, conhecida em inglês como *maid of the mist* e *parrot lily*, é nativa da África e da Ásia temperada (Arábia Saudita e Iêmen).

Chega a um 1,5 metro de altura, com quatro folhas de mais de 50 centímetros de comprimento. Cada caule floral pode apresentar até vinte flores, que são hermafroditas e apresentam cor variada, as mais comuns sendo vermelhas ou amarelas. As flores são polinizadas por insetos. A propagação é por sementes ou por pequenos cormos que crescem a partir do cormo original.

A espécie *Gladiolus edulis* Burch., o *lírio-espada*, ou *sword lily*, é nativa da África Central. As flores variam de branco a cor creme, às vezes cinza. O cormo é ovoide, produzindo todo ano cerca de três a seis folhas estreitas e lineares, com caule fino com até 50 centímetros de comprimento. Cada caule produz quinze flores.

A espécie *Gladiolus spicatus* Klatt, o *lírio-espada-espinhudo* ou *spiky sword lily* é da África, da região do Níger. Ela tem cormos de tamanho médio, produzindo quatro ou cinco folhas basais, com até 40 centímetros de comprimento. O caule tem cerca de 50 centímetros de comprimento, com duas ou três folhas reduzidas. As flores são vermelhas.

A espécie *Gladiolus* x *hortulanus* L. Bailey, a *palma-de-santa-rita*, é o gladíolo comercial, bastante conhecida também como *palma*. Seu cormo é levemente tóxico e, portanto, não deve ser ingerido, ou causará pequenos problemas, como vômitos e diarreia. O contato com a seiva do cormo da palma causa dermatite.

Outros cormos comestíveis

Babiana-anã

Chamada de *dwarf babiana* em inglês, é a espécie *Babiana hypogaea* Burch., da família *Iridaceae*. É natural da África, da região da Namíbia e da África do Sul.

Jacinto-da-califórnia

Chamado de *Indian valley brodiaea* em inglês, é a espécie *Brodiaea coronaria* (Salisb.) Engl., da família das aliáceas (*Alliaceae*). É nativa do norte da América do Norte.

Lírio-mariposa

Em inglês *mariposa lily* ou *butterfly tulip*, é a espécie *Calochortus macrocarpus* Douglas, da família *Liliaceae*. É nativa da América do Norte.

Lírio-truta

Em inglês *trout lily*, *amberbell* ou *yellow adders tongue*, é a espécie *Erythronium americanum* Ker Gawl., da família *Liliaceae*. É nativa da América do Norte.

Raiz-de-babuíno

É a espécie *Babiana fragrans* (Jacq.) Ecklon, nativa do sul da África.

BULBOS

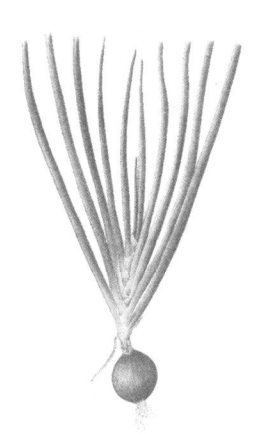

O BULBO é um caule com entrenós tão curtos, que o conjunto torna-se um disco com gemas – dele também saem as raízes. O formato continua globoso, mas estruturado em camadas de escamas carnosas e sem clorofila, que são folhas modificadas. Quando o bulbo é cortado pela metade, cada metade apresenta camadas – como as cebolas, um dos bulbos mais conhecidos. As escamas carnosas servem como órgãos de armazenamento de nutrientes que manterão a planta em época desfavorável. O bulbo é uma estrutura mais comum nas monocotiledôneas.

Alho

Chamado de *hvidlog* em dinamarquês, *ail* em francês, *aglio* em italiano, *ajo* em espanhol, *slordo* em grego e *Knoblauch* em alemão.

De grande importância como condimento e aromatizante, é um ingrediente fundamental em muitos pratos de várias regiões do mundo, como a Ásia, o norte da África, o sul da Europa e as Américas do Sul e Central. Na Europa, é um condimento comum desde a época dos romanos. Hoje, somente os habitantes do norte da Europa não gostam muito do alho, devido a seu cheiro forte, que acham um tanto repugnante.

O alho cru é empregado na culinária de muitos países. Um exemplo é o prato provençal *aïoli*, basicamente uma maionese feita de azeite e enriquecida com alho cru. Na Áustria, um dente de alho fresco é esfregado no interior das vasilhas onde serão servidas as saladas frescas. Esfrega-se também um dente de alho na panela em que se vai preparar o *fondue* de queijo, prato típico suíço.

Além do bulbo, tanto as flores como as folhas, quando imaturas, são apreciadas como alimento e têm um sabor mais suave que o dos bulbilhos.

A origem do alho perdeu-se no tempo e no espaço. Foi cultivado no Egito, na China e na Índia desde a Antiguidade mais remota e já era cultivado na região do Mar Morto entre 3500 e 3000 a.C. Era alimento dos egípcios enquanto construíam as pirâmides, como também dos soldados romanos quando faziam longas marchas. Os nobres romanos não comiam alho por causa do cheiro. Era hostilizado pelos gregos, que combatiam seu uso e impunham castigos a quem o utilizava. De acordo com Homero (na *Ilíada* e na *Odisseia*, compostas no século VIII a.C.), Ulisses comeu alho para evitar que fosse transformado em porco por Circe. Os feiticeiros, no Egito, jogavam alho no fogo a fim de obter saúde para seus clientes. Diz-se que o alho espanta vampiros, como até hoje pode ser visto em vários filmes do conde Drácula. É mencionado em várias peças de William Shakespeare (1564- 1616). Foi citado por Hipócrates (460-337 a.C.) e Dioscórides (40-90 d.C.) pela sua importância medicinal. Era usado contra picadas de insetos no sul da Europa.

É um afrodisíaco de alta eficácia: diziam em tempos antigos que o hálito de um oficial de cavalaria que comia muito alho podia ser sentido a cinco metros, tornando o oficial era totalmente irresistível para as mulheres. Seus efeitos afrodisíacos já eram conhecidos dos egípcios, que achavam que levava a comportamento lascivo. Os romanos o consagraram a Ceres, a deusa da fertilidade; faziam um licor de amor com alho espremido e coentro. Como promotor da libido, aumentaria o desejo em homens e mulheres, e poderia acabar com a impotência causada por bruxaria. O alho é usado contra obstrução dos vasos, portanto para melhorar a circulação, o que em consequência melhoraria o fluxo de sangue para causar a ereção. O cheiro do alho na boca pode ser diminuído comendo-se uma maçã ou folhas frescas de salsinha.

O alho contém alto teor de alicina e, além disso, arginina, oligossacarídeos, flavonoides e selênio, todos benéficos para a saúde. De acordo com cientistas ingleses, meio dente de alho cru por dia ajuda a evitar o câncer. O alho tem propriedades antifúngicas e antibacterianas. Na medicina popular, é empregado contra inchaço e dor no abdome, bem como para problemas arteriais, asma, bronquite, prisão de ventre, tosses, diarreia, fadiga, dor de cabeça e muitos outros males.

Botânica

Pertence à família das aliáceas (*Alliaceae*, monocotiledôneas; 30 gêneros e 850 espécies), que ocorre no mundo todo, excluindo a Austrália. As flores são geralmente hermafroditas. Muitas espécies são ornamentais, como o agapanto (que apresenta rizoma), ou utilizadas em culinária, como a cebola (que apresenta bulbo). Alguns botânicos consideram esta família como parte da família *Liliaceae*.

O alho é a espécie *Allium sativum* L., uma hortaliça herbácea originária, provavelmente, da Ásia central. Apresenta um bulbo constituído de oito a dez bulbilhos, também chamados dentes. O odor e o gosto típicos do alho resultam de compostos de enxofre formados a partir da alicina, que é o mais importante precursor dos compostos bioativos do alho que se formam quando os dentes são picados ou amassados (um composto bioativo é uma substância que está presente em um alimento e tem efeito na saúde, distinto do efeito nutricional das outras substâncias do alimento). Os sulfitos e sulfatos ficam armazenados no bulbo e protegem a planta de alguns predadores, que não gostam ou não suportam o gosto dessas substâncias. As flores são róseas ou brancas. O fotoperiodismo (resposta das plantas ao comprimento do dia) e a temperatura são os fatores que determinam a formação dos bulbos e a floração. Como o alho é estéril (e portanto não produz sementes), a propagação é pela semeadura dos bulbilhos.

Alho-poró

Também conhecido como *alho-porro* ou apenas *porro*, e em inglês chamado de *leek*, é o emblema do País de Gales. Normalmente, utiliza-se a parte inferior, a base, do talo, que fica encoberta pelo solo e se torna dilatada e branca, assumindo a forma de bulbo (é um falso bulbo). Possui muita vitamina B, C e E, sendo ainda fonte de ferro.

Já era conhecido dos sumérios e é mencionado na Bíblia, além de ser um dos alimentos favoritos dos egípcios, desde vários séculos antes de Cleópatra. O imperador Nero o comia com óleo, para melhorar a voz, daí ser apelidado de *porrofagus*, "comedor de alho-poró".

As flores do alho-poró são pouco usadas, já que esta hortaliça aromática é colhida antes de florescer. Mas, se as plantas são deixadas para o ano seguinte, aparecem flores, que são um ótimo ingrediente para saladas. O gosto das flores e das folhas é mais suave que o do alho comum e da cebola.

A infusão das folhas era usada para lavar vidraças, a fim de repelir moscas. O talo era usado na França para projetar no estômago corpos estranhos retidos no esôfago.

Botânica

Pertence à família das aliáceas (*Alliaceae*), a mesma do alho.

O alho-poró é a espécie *Allium ampeloprasum* L., do grupo *Porrum*, originária da Eurásia e norte da África. Trata-se de uma hortaliça herbácea bianual, pois produz o talo e as folhas achatadas no primeiro ano, e a haste floral mais as sementes no segundo. Não forma bulbo verdadeiro. As flores aparecem em inflorescências esféricas e são de cor roxa, rosa ou branca. A propagação é por sementes.

Cebola

Chamada de *cebolla* em espanhol, *cipolla* em italiano, *log* em dinamarquês, *ui* e *ajuin* em holandês, *onion* em inglês (*scallion* é a cebola jovem, com as folhas verdes), *oignon* em francês, *kremmidi* em grego, *tamanegi*, *wakegi* em japonês e *Zwiebel* em alemão.

Uma das primeiras plantas a serem cultivadas para uso na culinária, quando fresca, é picante, mas, depois de cozida, o sabor torna-se suave, quase adocicado, dependendo do ponto de cozimento. É considerada tanto um condimento como uma hortaliça: como condimento, é empregada na culinária de todo o mundo, cozida ou assada; como hortaliça, é utilizada em rodelas em saladas cruas – às vezes, depois de cortada em rodelas, é mantida em água fresca por algum tempo, para perder um pouco do gosto picante. Usa-se ainda como condimento, em pó; a cebola, em geral a mais picante, é desidratada e moída finamente. Além do bulbo, também são comestíveis as flores e as folhas jovens.

Em sítios arqueológicos da Idade do Bronze, foram encontrados restos de cebola e de figo datados de 5 mil a.C. Já era cultivada na região do mar Morto muito antes de Cristo, sendo conhecida nas antigas civilizações da Índia, da China e do Egito, onde é frequente nos sarcófagos. Fez parte da dieta dos escravos que construíram as pirâmides, pois, além de servir de alimento, acreditava-se que prevenia doenças infecciosas. Na antiga Grécia, os atletas comiam grande quantidade de cebola, porque acreditavam que tornaria o sangue mais fluido; já os atletas romanos esfregavam o corpo com a cebola para fortalecer os músculos. Na Bíblia, é mencionada no período em que os judeus permaneceram no Egito.

Foi introduzida no norte da Europa pelos romanos. Na Idade Média, era um alimento tão importante, que dívidas eram pagas com cebola. Aparece com grande predominância em uma coleção de receitas da Mesopotâmia que hoje é guardada na Universidade de Yale, nos Estados Unidos: são 35 preparos descritos em três tabletes de argila, e a cebola está sempre acompanhada do alho-poró e do alho. Na Índia antiga, a cebola não era nada popular: considerava-se impura e raramente era usada na alimentação – no século VII, quem comia cebola era obrigado a viver fora das cidades. Na Rússia, pão com cebola é a dieta básica da população mais pobre.

As pessoas choram quando cortam cebolas porque os tecidos danificados do bulbo liberam compostos sulfurosos voláteis.

A cebola foi cultivada para uso na medicina também – crua, é boa contra enfarte do miocárdio. É também afrodisíaca, mas seu poder torna-se ainda mais forte se acompanhada de especiarias.

Botânica

Pertence à família das aliáceas (*Alliaceae*), a mesma do alho.

A cebola é a espécie *Allium cepa* L., possivelmente originária do Oriente Médio. Trata-se de uma planta herbácea, cuja parte aérea chega a mais de 0,5 metro de altura. As folhas são tubulares e ocas; as flores são pequenas e brancas, dispostas em uma inflorescência. O caule subterrâneo é o bulbo, a parte comestível. As escamas que cobrem o bulbo podem variar desde o branco e o amarelo até o roxo. É uma planta bianual: no primeiro ano, o bulbo acumula reservas e, no segundo, produz flores e sementes. Propaga-se pelas sementes.

Funcho

Chamado de *finocchio* em italiano (palavra que, na Itália, também significa "homossexual", desde a época da Inquisição), e *Florence fennel* em inglês, o funcho e a erva-doce são duas variedades da mesma espécie, muito semelhantes. A diferença é que o funcho apresenta, na base da planta, uma formação semelhante a um bulbo, mas não é um bulbo verdadeiro, de acordo com os botânicos anatomistas.

O "bulbo" do funcho pode ser comido cru ou cozido, e também pode ser congelado. É muito comum na cozinha mediterrânea como parte de saladas, aperitivos, macarronada, risotos e misturado com alcachofra. É usado como acompanhamento de carnes. Uma das maneiras preferidas dos italianos para servir o funcho é cozinhar o bulbo cortado finamente, em um pouco de leite, e servir com manteiga derretida. Junto com a losna e o anis, é empregado no preparo do absinto.

Os grãos de funcho são utilizados da mesma maneira que os da erva-doce. O grão germinado, a plântula, é servido em saladas de inverno. As folhas são utilizadas para aromatizar peixe, carne assada e grelhados. As pequenas flores amarelas do funcho podem ser empregadas em saladas.

O funcho já era conhecido na Antiguidade, na China, na Índia e no Egito. Uma lenda diz que os grãos de funcho, colocados no buraco da fechadura, não permitem a entrada de fantasmas. Na Idade Média, era usado para afastar espíritos do mal. Diz-se ainda que o pó seco de funcho espanta pulgas de canil e estábulo. Era usado contra picadas de cobras e escorpião. Na mitologia grega, Prometeu usou uma haste seca de funcho para roubar, dos deuses do Olimpo, o fogo, que deu para os homens – e, como castigo, passou o resto dos dias tendo seu fígado devorado por abutres.

A infusão dos grãos de funcho é usada contra indigestão e dor de cabeça de origem digestiva.

Botânica

Pertence à família das umbelíferas (*Umbelliferae*, dicotiledôneas, também chamada de *Apiaceae*; 446 gêneros e 3.540 espécies), que ocorre no mundo todo, com o centro de dispersão na região temperada do hemisfério Norte. Em geral, suas espécies são ervas, mas há arbustos e até árvores. Muitas espécies são aromáticas, às vezes venenosas. Foi a primeira família de plantas com flores a ser reconhecida como tal pelos botânicos, no século XVI. Foi também a primeira família de plantas com flores a ser submetida a um estudo taxonômico no Ocidente, por Robert Morrison (1620-1683), em 1672. As flores ficam agrupadas em uma inflorescência chamada umbela (origem do nome da família).

O funcho é o *Foeniculum vulgare* Mill. var. *azoricum* (Miller) Thell., uma erva perene originária da Europa. Tem folhas verdes e talo oco, que chega a 40 centímetros de comprimento. A planta chega a quase 2,5 metros. A parte basal das folhas é intumescida, o que, corriqueiramente, é chamado de bulbo. Floresce sempre no verão, com flores pequenas amarelas. O fruto é chamado de mericarpo. A propagação é pelos mericarpos.

A erva-doce é o *Foeniculum vulgare* Mill. var. *dulce* Battand & Trabut, originária das margens do Mediterrâneo, de onde foi espalhada até a Índia.

Tulipas

Já eram cultivadas no Irã desde o século XIII. Há uma lenda persa que conta sua origem: um belo rapaz, quando soube da morte da amada, pulou de um penhasco e, no local manchado por seu sangue, nasceu a primeira tulipa. Na Europa, as tulipas só apareceram em meados do século XVI, levadas da Turquia. No século XVII, na Holanda, fortunas foram perdidas devido à especulação com bulbos de tulipas. Entre 1990 e 2000, foram exportados por ano pela Holanda cerca de 2 bilhões de bulbos.

Todas as partes da tulipa são comestíveis, e o bulbo pode ser utilizado em substituição às cebolas. O bulbo tem pouco gosto, mas lembra com boa vontade o amido de milho. Picado, pode ser refogado com cogumelos, cebolas e porções de batata, mas assim mesmo continua sem gosto. Durante a ocupação nazista, os holandeses comiam bulbos de tulipa, o que, dizem, atrapalhava o ciclo menstrual das mulheres.

As flores de tulipa apresentam uma variedade de sabores, principalmente de acordo com a variedade usada, mas muitas lembram alface adocicada ou ervilha nova.[23]

Botânica

Pertencem à família das liliáceas (*Liliaceae*, monocotiledôneas; 288 gêneros e 4.950 espécies). A família ocorre no mundo todo, principalmente em zonas temperadas secas e quentes. Suas espécies são, em geral, plantas perenes com acúmulo de carboidratos em bulbos, cormos e rizomas. Muitas espécies contêm alcaloides. As folhas são simples, em geral anuais.

A tulipa, chamada em inglês de *tulip*, é um conjunto de híbridos complexos de *Tulipa fosteriana* Hoog ex W. Irv., *Tulipa kaufmanniana* Regel (a tulipa de jardim), *Tulipa greigii* Regel e muitas outras espécies. A maior parte das cultivares de hoje são derivadas da *Tulipa gesneriana* L. A distribuição original do gênero estende-se do sul da Europa e norte da África ao nordeste da China.

São plantas perenes que, conforme a espécie, têm altura de 10 até 70 centímetros, e em geral de 2 a 6 folhas, mas chegam a 12 em algumas espécies. As flores são muito ornamentais. Há produção de uma única flor por caule floral, mas algumas espécies produzem várias flores no mesmo caule floral. O fruto é uma cápsula, com muitas sementes. As flores são hermafroditas, normalmente polinizadas por insetos. A propagação é pela divisão dos bulbos novos, por sementes ou por micropropagação (cultura de tecidos).

Outros bulbos comestíveis

Alho-napolitano

Também chamado de *alho-selvagem* e *lágrimas-da-madalena*, em inglês *daffodil garlic*, é a espécie *Allium neapolitanum* Cir., da família *Alliaceae*, a mesma do alho. É originário do Mediterrâneo (África, Europa e Oriente Médio).

Alho-silvestre

Chamado de *ramson* em inglês, é o *Allium ursinum* L., da família *Alliaceae*. É natural da Eurásia.

Lírio-tigrino

É a espécie *Lilium lancifolium* Thunb., da família *Liliaceae* (a mesma da tulipa). É originário do leste da China, da Coreia e do Japão, sendo naturalizado na América do Norte.

RAÍZES

CHAMAMOS de raiz a parte do eixo das plantas superiores que cresce para baixo, em geral dentro do solo, e fixa a planta ao solo. Também retira a água e os nutrientes do solo, necessários à vida da planta. Há uma raiz principal, ou primária, e as raízes secundárias, terciárias e quaternárias.

A raiz de inúmeras plantas serve de alimento e muitas vezes é tuberosa, armazenando água e nutrientes. A raiz tuberosa pode ser uma raiz secundária (como na batata-doce) ou uma raiz que teve origem do caule, a raiz adventícia (como na mandioca e na dália), mas a raiz principal também pode ser tuberosa (como, por exemplo, na cenoura).[24]

Alcaçuz

Também chamado de *pau-doce*, é *licorice*, *liquorice* em inglês; *réglisse* em francês; *Lakritze* e *Süssholz* em alemão; e *regaliz* em espanhol. É muito cultivado na Espanha, na Rússia e no Oriente Médio.

A raiz principal do alcaçuz é doce porque contém cerca de 8% de glicirrizina, substância cinquenta vezes mais doce que a sacarose, com sabor devido principalmente ao anetol, encontrado também na erva-doce e no anis. O extrato da raiz de alcaçuz é vendido hoje como xarope ou extrato seco. Emprega-se na feitura de balinhas e doces ou de bebidas, bem como para aromatizar tabaco e cervejas. Os chineses usam a raiz como tempero em vários pratos. A raiz já era usada no antigo Egito, na Grécia, em Roma e na Alemanha medieval, onde já era cultivada em toda a Baváira no século XVI.

O alcaçuz pode ser ingerido, sem problemas, pelos diabéticos. Na medicina moderna chinesa, a raiz é empregada contra intoxicação por alimentos.

Botânica

Pertence à subfamília *Leguminosae-papilionoideae* (dicotiledôneas; 425 gêneros e 12.500 espécies). É a espécie *Glycyrrhiza glabra* L., uma herbácea perene encontrada desde o Mediterrâneo até a Ásia central. Chega a 1 metro de altura, com folhas de 15 centímetros de comprimento, que apresentam até dezessete folíolos. A raiz principal é fibrosa, carnosa e com interior amarelo vivo. Floresce na Europa em junho e julho. As flores são azul-avermelhadas, agrupadas em inflorescências. O fruto é um legume, com 3 centímetros de comprimento, e tem várias sementes. A propagação é feita pelas sementes.

Foi Dioscórides (40-90 a.C.) que deu o nome à planta, do grego *glucos* (doce) e *rhiza* (raiz).

Nesta família, há uma espécie conhecida como *alcaçuz-brasileiro*, a *Periandra dulcis* Mart., original dos cerrados.

Almeirão

As raízes tuberosas do almeirão são comestíveis, sendo usadas para aromatizar sopas, molhos e caldos. Na Bélgica, as raízes carnosas novas e tenras dessa planta são cozidas e comidas com manteiga, como se fossem cenouras. A raiz armazena grande quantidade de inulina: chega a 20% desse carboidrato. Depois de secas, torradas e moídas, as raízes são usadas em muitos países substituindo o café; em outros, para adulterar o pó do café; e, em muitos casos, para reduzir o sabor amargo do café e dar sabor a algumas cervejas. As folhas e as flores também são comestíveis, sendo empregadas em saladas; os botões florais são apreciados como picles.

O cientista Lineu usou a planta como uma das flores do seu relógio floral em Upsala, Suécia, devido à regularidade na abertura das flores às 5 da manhã e fechamento às 10, naquela latitude.

O nome *almeirão* é aplicado a diversas variedades, como o almeirão propriamente dito, a *escarola*, a *chicória*, a *catalunha* e o *radicchio*.

Botânica

Pertence à família das compostas (*Compositae*, dicotiledôneas; 1.538 gêneros e 22.750 espécies). O almeirão é a espécie *Cichorium intybus* L., uma erva herbácea perene, ereta, nativa da Europa e da Ásia. A raiz principal tuberosa é longa, com cerca de 0,5 metro de comprimento, castanha por fora e branca no interior. Quando jovem, há a formação de uma roseta de folhas; mais tarde, da parte central, sai o escapo floral. As folhas são alongadas, largas ou estreitas, pubescentes, de cor verde ou arroxeada. As flores, que são hermafroditas, mostram-se azuis ou arroxeadas; abrem de manhã e fecham antes do meio-dia. A planta floresce no verão, e os aquênios amadurecem no fim do verão. As abelhas são os agentes polinizadores. A propagação é por sementes. Quando as plantas são cortadas, rebrotam novos exemplares.

Bardana

As raízes tuberosas da bardana – chamada de *gobô* em japonês e de *burdock* em inglês – são muito apreciadas em vários países. Na Inglaterra, prepara-se uma cerveja das raízes frescas. A raiz, que tem gosto adocicado, levemente amargo, já era apreciada pelos antigos gregos. O amargor desaparece quando as raízes são cortadas e mergulhadas em água. As raízes jovens, depois de removida a casca, são usadas frescas em saladas. As mais velhas são fritas em óleo ou assadas. Podem ser empregadas em sopas e cozidas com tofu e missô. Também são utilizadas na forma de picles.

As folhas jovens são usadas como salada na Escócia, na Escandinávia, no Canadá e no Japão. Os ramos jovens podem ser cozidos até ficarem macios e, então, servidos com manteiga derretida quente.

Todas as partes desta planta têm a reputação de curar câncer. Para diminuir a tensão do dia a dia, na Europa, é aconselhado um banho de imersão, que é chamado de tranquilizador, feito com pedaços da raiz da bardana mais um punhado de folhas de valeriana, lavanda, camomila e lúpulo colocadas na água quente, onde o corpo deve ficar mergulhado por meia hora.

Botânica

Pertence à família das compostas (*Compositae*, dicotiledôneas; 1.538 gêneros e 22.750 espécies).

A bardana é a espécie *Arctium lappa* L., uma planta bianual, originária da Eurásia. A raiz tuberosa alcança até 1 metro de comprimento e 2 centímetros de diâmetro. O caule pode chegar a 2 metros de altura, verde ou arroxeado. As folhas são grandes, com pecíolos longos. A planta apresenta inflorescência globosa com flores roxas, e a espécie floresce no verão. As infrutescências, que carregam os aquênios, são chamadas em inglês de *burs*; apresentam escamas duras com a ponta em gancho, que aderem ao couro do gado ou de outros animais, e assim são dispersas por longas distâncias. A propagação é pelos aquênios.

Batata-doce

São comestíveis as raízes secundárias tuberosas da batata-doce, chamadas de *kumar* no Peru e de *kumara* na Polinésia. A planta já era cultivada nas Américas na época do descobrimento e em várias ilhas do Pacífico, sendo depois levada para a Espanha por Colombo. Os exploradores ocidentais encontraram a batata-doce na Ilha de Páscoa, nas ilhas do Havaí e na Nova Zelândia, onde era o principal alimento dos maoris. Pensa-se que teria sido levada para essas ilhas por navios peruanos, pois os povos do Peru, já na época pré-colombiana, possuíam embarcações reforçadas. Outra hipótese seria que os povos dessas ilhas teriam chegado às costas do Peru e levado de volta raízes da espécie. A possibilidade de raízes tuberosas chegarem às ilhas da Polinésia pelas correntes marítimas é descartada, pois perecem em água salgada. Os indígenas dos Estados Unidos cultivam a batata-doce desde os tempos pré-históricos.

A raiz tuberosa é adocicada, e pode ser comida frita, cozida ou assada. Há cultivares em que não é tão doce, sendo empregada comercialmente para a produção de amido. A farinha é produzida comercialmente da batata-doce branca, e também é branca, de boa textura, com um leve gosto adocicado e rica em fibras. Pode ser empregada no preparo de pão, biscoitos, bolos, tortas e panquecas, como também para engrossar molhos e caldos. A farinha pode ser feita em casa, com a batata-doce crua ou cozida. Quando crua, deve ser lavada, descascada e cortada em fatias finas, postas para secar ao sol ou no forno; depois, é só passar tudo por um moedor comum. Quando cozida, deve ser cortada em fatias e transformada em purê, para depois ser seca. Durante a Primeira Guerra Mundial, o Departamento de Agricultura dos Estados Unidos insistiu na inclusão da batata-doce em panificação para substituir o trigo, que ficara escasso.

Em 100 gramas de batata-doce, 20 gramas são carboidratos, 2 gramas são proteínas e apenas 0,1 grama é gordura. É rica em fibras, cálcio, potássio e vitaminas A, B_6 e C. A variedade roxa é rica em betacaroteno. Possui uma enzima que converte o amido em açúcares à medida que a raiz tuberosa amadurece, e isso continua durante o armazenamento e até quando é cozida.

A batata-doce é cultura muito importante em áreas tropicais e subtropicais, pois se desenvolve muito bem em climas quentes e úmidos. É muito importante nas ilhas quentes do Pacífico e na Ásia, em países como Índia e China. É a sexta maior cultura do mundo, sendo Japão e China os maiores produtores. É muito popular nos Estados Unidos.

Além de ser utilizada comumente como alimento, também é empregada no Brasil como ornamental, em vasos suspensos ou em jardineiras.

Botânica

Pertence à família das convolvuláceas (*Convolvulaceae*, dicotiledôneas; 56 gêneros e 1.600 espécies). A família ocorre no mundo todo, principalmente em locais quentes. São plantas herbáceas trepadeiras, cujo caule pode atingir 30 metros de comprimento, que sempre se enrolam para a direita; é a própria planta que se enrola, já que não possui gavinhas. A família apresenta, também, algumas poucas árvores e arbustos. Há algumas parasitas verdadeiras, como a *cuscuta*, que nem clorofila possui. Muitas espécies são alucinógenas. O fruto em geral é uma cápsula.

A batata-doce é a *Ipomoea batatas* (L.) Lam., uma espécie americana, inclusive do Brasil, onde cresce espontaneamente. É uma liana perene, que se espalha pelo terreno a partir de uma roseta central; cresce rapidamente e pode chegar a 3 metros de comprimento. A espécie tem número de cromossomos 6n. Apresenta raízes secundárias tuberosas, brancas, amareladas ou mesmo roxas; há duas variedades, uma que produz raiz branca ou amarelada, e a outra, roxa. As folhas são palmadas ou em forma de coração. As flores são rosadas ou violeta. Pode ser cultivada em altitudes de até 3 mil metros. A propagação é por pedaços das raízes tuberosas, contendo gemas, que brotam facilmente. Pode também ser feita por germinação das sementes.

Beterraba

Existem doze espécies vegetais responsáveis hoje por cerca de 80% da alimentação humana anual (em peso, ou massa). Uma delas é a beterraba; as outras são o trigo, a cevada, o milho, o arroz, o sorgo, a soja, a batata, a mandioca, a batata-doce, a cana-de-açúcar e a banana. Há três tipos de beterraba: a beterraba-de-mesa, a beterraba-sacarina e a beterraba-forrageira.

A *beterraba-de-mesa*, também chamada de *beterraba-vermelha* e, em inglês, *table beet* ou *garden beet*, é aquela na qual se pensa ao falar em beterraba. Cultivada desde a época dos assírios, é rica em açúcar e uma das hortaliças mais ricas em ferro, com alto conteúdo tanto nas folhas como na raiz. A raiz principal tuberosa dessa beterraba é comida cozida como qualquer hortaliça, utilizada cozida e fria em saladas. Em boa parte da produção comercial, a beterraba-de-mesa, depois de cozida, é esterilizada ou, então, transformada em picles. Na Europa Oriental, e em muitos outros países, é empregada em uma sopa fria muito popular, o *borsch*. O picles é muito consumido no sul dos Estados Unidos; na Austrália e na Nova Zelândia, é servido com hambúrgueres. Na Pensilvânia, Estados Unidos, ovos cozidos, bem duros, são refrigerados no líquido que sobrou da feitura dos picles e deixados aí marinando, até se tornarem cor-de-rosa, bem escuros. As folhas também são utilizadas como alimento.

A cor vermelha da beterraba-de-mesa é dada por um grupo de pigmentos, as betalaínas, que produzem coloração amarela, vermelha, rósea ou laranja e são um tipo de antioxidante muito importante, por estarem envolvidas na proteção da partícula de LDL-colesterol. Um desses grupos, as betaninas, são utilizadas industrialmente como corantes de alimento, em purê de tomate, sobremesas, geleias, sorvetes e mesmo cereais usados no café da manhã.

A *beterraba-sacarina*, também chamada de *beterraba-açucareira* e, em inglês, *sugar beet*, é usada para extração de açúcar. A reserva de açúcar na raiz corresponde a 20% da sua massa total. Foi desenvolvida na Alemanha no fim do século XVIII, depois que o químico alemão Andreas Sigismund Marggraf (1709-1782) demonstrou em 1747 que as raízes das beterrabas continham muito açúcar. Assim, no século XIX, tornou-se um produto comercialmente importante como opção à cana para a produção de açúcar. É ainda hoje uma cultura comercial importante para produção de açúcar de mesa.

A *beterraba-forrageira*, chamada em alemão de *Mangelwurzel* e em inglês de *mangold* ou *mangels*, foi desenvolvida no século XVIII. É usada como alimento para o gado porque suas raízes são muito grosseiras para o homem, mas, quando novas, podem ser usadas como alimento humano. As folhas também são alimento de gado. A beterraba apresenta alta concentração de substâncias usadas no tratamento do câncer.

Botânica

Pertence à família das quenopodiáceas (*Chenopodiaceae*, dicotiledôneas; 103 gêneros e 1.300 espécies). A família ocorre no mundo todo, especialmente em áreas áridas e semiáridas, sendo plantas muito importantes dos desertos. São arbustos e ervas, raramente pequenas árvores ou lianas. É a família do espinafre-europeu. As flores são pequenas, em geral hermafroditas. O fruto é uma núcula, um fruto seco indeiscente.

A *Chenopodiaceae* é uma família reconhecida pelo sistema de Cronquist, mas, pelo sistema atual APG, de acordo com dados de filogenia molecular, passou a fazer parte da família *Amaranthaceae*. A classificação das angiospermas, até recentemente, era baseada na morfologia – principalmente a da flor – e no tipo de desenvolvimento das plantas. Em geral, era resultado do esforço de um único botânico. Assim, neste livro, o sistema adotado ainda é o Cronquist, como apresentado por Mabberley.[25] Porém, desde a última década do século XX, vem sendo adotada pelos botânicos uma nova classificação para as angiospermas, a Classificação Filogenética das Angiospermas, sistema baseado em sequências genéticas associadas a dados fitoquímicos, morfológicos e anatômicos, *DNA-fingerprinting* (impressões digitais de DNA ou sequências de DNA) e microscopia eletrônica.

A beterraba é a *Beta vulgaris* L., uma planta herbácea bianual ou perene. As folhas têm forma de coração e chegam a 20 centímetros nas plantas silvestres. As flores ficam agrupadas em espigas, e as flores pequenas, esverdeadas, são polinizadas pelo vento. Todas as plantas cultivadas pertencem à subespécie *vulgaris*, originárias do ascendente silvestre *Beta vulgaris L. ssp maritima* (L.) Arcang., que crescia em zonas marítimas da região do Mediterrâneo, das costas europeias e do norte da África.

O nome científico *Beta vulgaris* L. ssp *vulgaris* L. identifica o grupo usado como alimento para o gado e para o homem. São alimentos somente as folhas em uma espécie, ou as raízes principais e as folhas em várias espécies. São plantas originárias da Eurásia, bianuais, com folhas em roseta no primeiro ano de vida, e, no segundo, há o aparecimento do ramo floral. As folhas com pecíolos longos chegam a 0,5 metro de comprimento, e o ramo floral, até 1 metro de altura. As flores são pequenas, avermelhadas ou esverdeadas. Esta subespécie tem quatro variedades: *cicla*, *crassa*, *altissima* e *vulgaris*.

Beta vulgaris L. ssp *vulgaris* L. var. *cicla* L. é a variedade com plantas sem raiz tuberosa, em que se usam as folhas como hortaliça. Foram domesticadas na região do Mediterrâneo e levadas para o Oriente Médio e a Índia ao redor de 850 d.C. Um exemplo é a acelga, que tem folhas de coloração verde ou avermelhada usadas como alimento. Já era utilizada por romanos, egípcios e gregos, sendo popular na França desde a Idade Média. A propagação é pelas sementes.

As outras três variedades têm raiz principal tuberosa e a propagação é pelas sementes. Florescem no verão.

Beta vulgaris L. ssp *vulgaris* L. var. *crassa* Alef. é beterraba-forrageira. Suas raízes são brancas, amarelas ou alaranjadas, e chegam a quase 30 quilos.

Beta vulgaris L. ssp *vulgaris* L. var. *altissima* Doll é a beterraba-sacarina. Suas raízes brancas se aprofundam muito no solo, e pesam até 7 quilos.

Beta vulgaris L. ssp *vulgaris* L. var. *vulgaris* L. é a beterraba-de-mesa. Suas raízes vermelhas, globulares ou cilíndricas, são pequenas e foram selecionadas também pelo gosto.

Cenoura

A raiz da cenoura-silvestre pode ser comida quando bem jovem, mas logo fica muito lenhosa e não serve como alimento. Esta cenouora é a *wild carrot* em inglês, conhecida como *bird's nest* e *bishop's lace* no Reino Unido. Nos Estados Unidos, é *Queen Anne's lace*, nome que recebeu porque a inflorescência parece renda e a pequena florzinha no centro lembra uma gota de sangue da rainha Anne da

Dinamarca (1574-1619), esposa de James I (1567-1625), da Inglaterra (James VI da Escócia, filho de Mary Stuart) – pois Anne se picou com a agulha com a qual fazia a renda.

A cenoura cultivada como alimento humano e de animais provém de cultivares com raiz tuberosa (neste caso, a raiz principal é tuberosa) e pode atingir tamanhos variados. Já foi colhida uma raiz com quase 3 metros de comprimento. O recorde de peso, na Grã-Bretanha, é de quase 5 quilos.

A raiz tuberosa é rica em vitaminas A, B, C e beta-caroteno. A cenoura pode ser comida crua – ralada ou em rodelas finas – em saladas. Com ela, também é feito suco. Cozida, é colocada em sopas, suflês e uma grande variedade de pratos, além do conhecido bolo de cenoura, com ou sem cobertura de chocolate. No comércio, para serem comidas cruas, encontram-se como cenourinhas. É também usada em bolos e, em Portugal, emprega-se em uma deliciosa geleia de cenoura.

Era um alimento popular tanto dos gregos como dos romanos. Já aparece em *De Re Coquinaria*, de Apício, uma coleção de receitas culinárias dos romanos compilada no fim do século IV e início do século V da era cristã. Foi introduzida na Inglaterra por refugiados flamengos durante o reinado da rainha Elizabeth I (1533-1603). Até hoje, é uma das hortaliças favoritas do povo do Reino Unido – há até um museu virtual dedicado a ela.[26]

A cenoura atual é um complexo de muitas variedades. As orientais possuem antocianina nas raízes tuberosas e foram primeiramente domesticadas no Afeganistão, no século X. As ocidentais têm caroteno nas raízes tuberosas e foram domesticadas na Holanda, nos séculos XV e XVI. A cenoura utilizada no mundo é praticamente resultante de uns poucos cultivares holandeses.

Na Grã-Bretanha, no reinado de James I, considerava-se muito elegante as damas da corte usarem folhas de cenoura como ornamento nos cabelos.

O óleo essencial dos grãos é utilizado desde o século XVI como diurético e ainda hoje se usa na drenagem linfática.

Botânica

Pertence à família das umbelíferas (*Umbelliferae*), assim como o funcho.

A cenoura é a *Daucus carota* L., provavelmente originária da Ásia ou do leste da Europa, talvez da região do Afeganistão. Todas as cenouras cultivadas são cultivares dessa espécie, que é a cenoura-silvestre. É planta bianual, em que o caule é pouco perceptível e situa-se no ponto de inserção das folhas. A raiz principal é sem ramificação, tem forma cilíndrica ou cônica e torna-se tuberosa, armazenando nutrientes e água. No primeiro ano de vida, há a formação de uma roseta basal de folhas muito recortadas, com até 0,5 metro de comprimento; só no segundo ano, aparece o ramo floral. No topo dos ramos, há uma umbela achatada, com flores brancas, amareladas ou rosadas; no centro de cada umbela, há uma ou várias flores roxo-escuro. A floração ocorre no verão. Os frutos são ovais, e a propagação é feita com o auxílio deles.

Ginseng

O ginseng verdadeiro é o chinês, no qual a raiz principal tuberosa tem forma humana. Por ser muito raro na natureza, é o mais valorizado. Além disso, só pode ser colhido após vinte anos, quando cultivado. Parece que, há mais de 3 mil anos, a raiz já era apreciada como alimento com qualidades tônicas na China, na Coreia e no Tibete. As raízes frescas podem ser mascadas ou comidas; a raiz seca é, em geral, adoçada com açúcar, mas pode ser usada também como infusão. O ginseng é frequentemente misturado a bebidas alcoólicas, como o vinho, no qual a raiz deve permanecer pelo menos durante três meses.

O ginseng chinês é considerado um afrodisíaco potente (diz-se que afeta o transporte de esteroides pelas membranas celulares). É estimulante de hormônios, dando muita força sexual a quem o usa, retardando o envelhecimento. Do ginseng, foram extraídas onze saponinas, algumas delas responsáveis por efeitos sedativos, e outras, por efeitos estimulantes no sistema nervoso central: assim, o ginseng tem efeitos que parecem contraditórios.[28]

Botânica

Pertence à família *Araliaceae* (dicotiledôneas; 47 gêneros e 1.325 espécies), que é tropical, ocorrendo principalmente na Ásia, da Índia até Nova Guiné, e na América, com poucos representantes nas regiões temperadas. Suas espécies podem ser árvores, em geral paquicaules (isto é, com caules espessados na parte basal), arbustos, lianas, epífitas e poucas ervas. As flores são hermafroditas.

O ginseng é a espécie *Panax ginseng* C. Meyer, um arbusto perene originário das florestas das montanhas da China, mais especificamente da Manchúria. É planta de crescimento lento, que chega a 80 centímetros de altura. As folhas crescem em círculo ao redor do caule ereto. As flores amarelo-esverdeadas são hermafroditas e florescem de junho a agosto na China. A raiz principal tuberosa tem forma humana e chega a 0,5 metro de comprimento; é castanha-amarelada. O fruto é vermelho. A planta requer sombra e solo úmido. A propagação é pelas sementes.

Outras espécies são *Panax pseudoginseng Wallich*, o ginseng-coreano; *Panax quinquefolius L.*, o ginseng-americano; e *Panax vietnamensis* Ha & Grushv., o ginseng-vietnamita – as três também apresentam raízes tuberosas comestíveis.

Jacatupé

Também chamado de *jicama*, *feijão-inhame*, *feijão-batata* e *feijão-jacatupé*, em inglês é *Mexican vine*. Suas raízes tuberosas são comestíveis, sendo empregadas como alimento ou para obter farinha para bolos e tortas – por essa razão, já era cultivado na época pré-colombiana. A raiz pode ser cozida no vapor, assada, grelhada ou frita, mas é geralmente comida crua, em saladas de frutas e sanduíches. Para fazer farinha, as raízes são cortadas em fatias, postas para secar ao sol e, depois, moídas; a farinha é empregada para engrossar sopas. Na Malásia, é preparada crua, misturada com molho fermentado de camarão. A raiz tem sabor doce, uma mistura de maçã ou pera e melão. A raiz tuberosa contém traços de proteína e lipídios, mas a doçura é dada pela inulina.

No século XVII, os espanhóis levaram a espécie para as Filipinas, que, de lá, chegou à Indonésia. A raiz era um alimento popular nos navios da época, porque pode ser armazenada por muito tempo, pode ser comida crua e, além disso, mata a sede. É hoje popular na cozinha de vários países asiáticos, como a Indonésia, a China e o Vietnã.

São tóxicos as folhas, o caule aéreo, as flores, os legumes e as sementes, pois contêm rotenona, um poderoso inseticida.

Botânica

Pertence à subfamília das *Leguminosae-papilionoideae* (dicotiledôneas; 425 gêneros e 12.500 espécies).

O jacatupé é a espécie *Pachyrhizus erosus* (L.) Urban, nativa da América Central. Como trepadeira, pode chegar, quando madura, a 5 metros de altura. A raiz tuberosa tem pele castanho-amarelada e polpa branca. Chega a pesar 20 quilos e medir 2 metros de comprimento. As folhas são ovoides. As flores são brancas ou roxas e agrupam-se em inflorescências axilares. A vagem chega quase a 15 centímetros de comprimento. A propagação é pelas sementes ou pela raiz tuberosa. No Brasil, é plantado de setembro a outubro, no início da estação chuvosa. A colheita é feita seis meses após o plantio.

Pertence ao gênero *Pachyrhizus*, ao qual pertencem outras plantas que também apresentam raízes tuberosas comestíveis.

Maca

Chamada também de *Peruvian ginseng*, *maka*, *maca-maca*, *maino*, *ayak-chichira* e *ayuk-willku*, é cultivada em grandes altitudes nas montanhas andinas. Apresenta uma das mais altas resistências a temperaturas baixas entre plantas cultivadas.

A raiz principal da maca é tuberosa e contém cerca de 59% de carboidratos, 10% de proteína, 9% de fibras e 2% de lipídios. As raízes pequenas, que são pouco fibrosas, são muito comuns nos mercados peruanos. As raízes frescas são assadas ou cozidas; as secas são armazenadas e, depois, cozidas em água ou leite, para fazer um tipo de mingau. Uma bebida fermentada é produzida das raízes, a chamada *chicha de maca*. São também muito apreciados a geleia e o pudim de maca. É muito popular o uso do pó de maca, feito com as raízes secas e, depois, moídas. As folhas são usadas em saladas.

Parece que os incas já utilizavam a maca para aumentar a fertilidade dos rebanhos trazidos pelos europeus. Os conquistadores espanhóis alimentavam o gado com as raízes para atacar problemas de fertilidade associados a altitude elevada. A maca tem efeito em fertilidade, fecundidade e procriação. Eleva a fertilidade de vacas e de cobaias, aumentando também o tamanho dos filhotes desses últimos animais. Da raiz, prepara-se um pó que é considerado afrodisíaco e apelidado de "viagra", sendo vendido com muito sucesso por toda a cidade de Lima. Não há até hoje evidências de que a maca realmente seja um afrodisíaco para o homem.

A maca foi domesticada entre 5000 e 1800 a.C., portanto antes dos incas.

Botânica

Pertence à família das crucíferas (*Cruciferae*, dicotiledôneas; 365 gêneros e 3.250 espécies), também conhecida como brassicáceas (*Brassicaceae*), que ocorre no mundo todo, mas especialmente na região temperada do globo, particularmente do Mediterrâneo até a Ásia central e o oeste da América do Norte. Em geral, suas espécies são ervas, raramente arbustos, muitas vezes com caule engrossado.

As flores são hermafroditas na maioria das espécies. Muitas espécies contêm substâncias eficazes para a defesa da planta contra o ataque de bactérias, fungos, insetos e mamíferos. Elas apresentam fruto seco deiscente.

A maca é a espécie *Lepidium meyenii* Walp., uma planta perene rasteira originária dos Andes. As folhas formam uma roseta na superfície do solo e são continuamente renovadas a partir da parte central à medida que as mais velhas das bordas morrem. Produz flores brancas férteis. A raiz tuberosa tem forma de pera, com até 8 centímetros de diâmetro; dependendo da variedade, é amarela, roxa ou quase negra. No caso dessa espécie, a parte tuberosa é uma fusão da raiz principal com o hipocótilo. O fruto tem duas sementes. A propagação é por sementes, que germinam em cinco dias.

Mandioca

Conhecida também como *aipim*, *macaxeira* e *tapioca*; na África ocidental, é *gari*; e, em inglês, *cassava* ou *manioc*.

A parte comestível mais importante da mandioca é a raiz adventícia tuberosa. De todas as culturas produtoras de amido, a raiz da mandioca é a que tem a mais alta concentração de amido, em termos de peso seco, pois, quando fresca, tem cerca de 30% de amido e pouca proteína. As raízes, depois de descascadas, podem ser cozidas, assadas ou fritas. Depois de cozida, também pode ser frita.

Entre os indígenas brasileiros, as velhas mascam as raízes, transformando-as em uma polpa que é cuspida em uma grande cabaça, onde permanece até se iniciar a transformação do amido em açúcar. Essa bebida fermentada, chamada *cauim*, é oferecida aos visitantes importantes. No estado do Maranhão, produz-se a *tiquira*, destilado da mandioca, uma aguardente com alto teor alcoólico.

A *farinha de mandioca* é um dos principais produtos da mandioca. É rica em fibras e carboidratos; quando integral, contém proteína, cálcio, fósforo, sódio e potássio. É feita com raízes da mandioca brava, que, após a colheita, devem ser usadas em no máximo 36 horas, para não ficarem escuras; e, depois, bem lavadas, antes da remoção da casca. A mandioca é ralada e então prensada, do que resulta um líquido muito tóxico. Depois de prensada, é esfarelada e peneirada, antes de ser torrada. No Nordeste do Brasil, diz-se que a farinha de mandioca é o "viagra de pobre, porque aumenta o que está pouco, engrossa o que está muito fino e endurece o que está mole".

Outro produto obtido da mandioca é o *polvilho*, doce ou azedo, que é o amido (também denominado fécula) da mandioca. Depois de ser triturada, a mandioca é espremida em um tecido, e o líquido obtido é posto para decantar. Pela decantação, obtém-se o polvilho-doce (e um líquido amarelado que é desprezado), que é posto para secar, em geral, ao sol. Quando o polvilho permanece fermentando por uns quinze ou vinte dias, obtém-se o polvilho-azedo. A *tapioca*, usada para fazer pudim na Inglaterra e na Índia, é o polvilho-doce, que foi processado e transformado em pequenas esferas (ou pérolas) de 2 milímetros de diâmetro. O líquido amarelado da decantação é chamado de *tucupi* no norte do Brasil; dele, é feito o caldo tucupi, que é essa água temperada com sal, pimenta e alho. Em Belém, é famoso o prato pato com tucupi. O *sagu* brasileiro, como também grande parte da araruta comercializada no Brasil, é feito de mandioca.

As folhas das plantas mais novas podem ser usadas como espinafre, e têm alto teor de proteína (cerca de 10% da massa fresca). No norte do Brasil, com elas, é feita a maniçoba, um prato que demora sete dias para ficar pronto; para ser servida no sábado, a maniçoba deve começar a ser preparada no domingo anterior.

A planta é imune ao ataque de insetos devido a seu alto índice de *ácido cianídrico*. A toxicidade da mandioca depende da quantidade de ácido cianídrico: 40 mg dessa substância são suficientes para matar um homem adulto. Antes de entregar variedades novas aos agricultores, é preciso determinar se seu conteúdo de ácido cianídrico é alto ou baixo, o que também é importante para programas de hibridização. Há uma correlação muito grande entre gosto amargo da raiz fresca e conteúdo de ácido cianídrico; assim, raiz sem gosto amargo tem conteúdo baixo da substância.[28] Toda planta da mandioca-brava é muito venenosa em razão da presença de dois glicosídeos cianogênicos, em forma livre ou ligada – a linamarina e a lotoaustralina –, e a planta não pode ser ingerida crua. Essas substâncias são convertidas em ácido cianídrico na presença da linamarase, uma enzima que age nos glicosídeos, quando há ruptura das células. Os glicosídeos ocorrem no interior das células e, quando estas são danificadas, entram em contato com a linamarase, que ocorre fora delas. Todas as partes da planta apresentam glicosídeos, com maior concentração nas folhas. Nas raízes, a maior concentração é na casca.

As cultivares doces produzem cerca de 20 mg de ácido cianídrico por quilo de raiz fresca, enquanto as cultivares venenosas, chamadas *mandiocas-bravas*, cerca de cinquenta vezes esse valor. É bom lembrar que o ácido cianídrico volatiliza-se facilmente; assim, quando a mandioca é triturada, espalhada e permanece secando, o ácido cianídrico é reduzido, e o material desidratado pode ser utilizado na alimentação. Para ser consumida, deve-se eliminar a casca, deixar o material mergulhado em água por várias horas e, depois, cozinhar em água fervente. Dessa maneira, o veneno é inteiramente eliminado. A raiz da mandioca-doce pode ser comida sem problemas.

A mandioca era uma planta da maior importância para as tribos indígenas da América do Sul, a leste dos Andes, sendo o alimento básico dos índios brasileiros na época do descobrimento. De acordo com Luiz da Câmara Cascudo, além de uma menção na crônica de Pero Vaz de Caminha, os dois primeiros registros sobre mandioca são de Pero de Magalhães Gandavo, em 1576, e de Gabriel Soares de Sousa, em 1584, que consideraram que ela lembrava no aspecto o cará (também conhecido como inhame-de-são-tomé, a *Dioscorea alata* L., família *Dioscoreaceae*). Assim, no Brasil daquela época, a mandioca passou a ser considerada o pão da terra. Dela, os índios faziam farinha, que era comida misturada com outros alimentos, da carne à fruta. O núcleo de expansão da mandioca original ocorreu na bacia tropical do Amazonas, onde os índios aruacas foram os primeiros que a cultivaram e divulgaram. Esse grupo estendeu-se para as Guianas e a Venezuela e alcançou Antilhas, Haiti, Santo Domingo, Jamaica, Cuba, Flórida e trechos da América Central. Com eles, levaram a mandioca. No Brasil, foi levada para o litoral pelos tupis. Já no século XVI, a mandioca começou a ser exportada pelos portugueses, que a levaram inicialmente para a África.

O maior produtor de mandioca do mundo é o Brasil, seguido da Tailândia, da Nigéria, do Zaire e da Indonésia.

Botânica

Pertence à família das euforbiáceas (*Euphorbiaceae*, dicotiledôneas; 313 gêneros e 8.100 espécies), que ocorre quase no mundo todo; está ausente, no entanto, na região Ártica, e há poucas espécies na bacia do Amazonas. Suas espécies são árvores, arbustos, lianas e ervas, às vezes suculentas e com látex. As flores são sempre de sexo separado, mas na mesma planta. As sementes apresentam carúncula, uma excrescência carnosa sobre a casca. Suas espécies contêm, em geral, substâncias venenosas. É desta família a *Hevea brasiliensis*, a árvore-da-borracha, mais conhecida como seringueira.

A mandioca é a *Manihot esculenta* Crantz (*Manihot utilissima* é sinônimo), originária da América do Sul. Considera-se um cultígeno, pois hoje desconhecem-se as formas silvestres. É um arbusto perene, cultivado como anual. Pode chegar a mais de 5 metros de altura, com folhas palmadas grandes, dotadas de pecíolos avermelhados. As flores são esverdeadas. A mandioca produz raízes adventícias tuberosas, com alto conteúdo de amido, entre seis meses e três anos após o plantio. A raiz pode pesar cerca de 15 quilos. Apresenta mais de cem cultivares, cada uma delas com um conteúdo diferente de glicosídeos tóxicos. A propagação é por meio de estacas caulinares.

Mandioquinha

Também conhecida como *batata-baroa*, *batata-fiuza* e *mandioquinha-salsa*, chama-se *racacha* na língua quíchua, do Peru; *Arrakatscha*, em alemão; e *aracacha*, em espanhol.

A raiz principal tuberosa, rica em amido, é um alimento muito importante no Brasil. Depois de colhida, deve ser usada o mais rápido possível, pois estraga em uma ou duas semanas na geladeira. O gosto é agradável, e esta raiz amarela é cada vez mais popular nos melhores restaurantes brasileiros. Há pessoas que não suportam o cheiro que exala quando ela está sendo cozida, pois lembra o de ratos. Não se emprega crua, mas cozida aparece na feitura de vários pratos, como sopas, purê, nhoque, ravióli, etc. Pode também ser preparada frita, à semelhança da batatinha. Sopas de mandioquinha são ótimo alimento para crianças pequenas. Em 100 gramas de mandioquinha, 25 gramas são de amido. É rica em carotenoides.

Acredita-se que as primeiras mudas chegaram ao Rio de Janeiro trazidas da Colômbia, em 1907. Hoje o grande produtor é o Brasil, seguido da Colômbia, da Venezuela e do Equador. É ainda cultivada na Índia e no Sri-Lanka.[29]

Botânica

Pertence à família das umbelíberas (*Umbelliferae*), a mesma do funcho.

A mandioquinha é a *Arracacia xanthorrhiza* Bancr. (*Arracacia esculenta* é sinônimo), da região andina da Colômbia. É uma espécie herbácea perene. Tem caule cilíndrico, e do seu topo saem os rebentos com as folhas recortadas. Da parte inferior saem as raízes tuberosas alongadas, cilíndricas ou cônicas, em geral amarelas. A inflorescência raramente se forma. No sudeste do Brasil, é plantada de março a maio ou de setembro a outubro, e a colheita é feita depois de um ciclo vegetativo de oito a doze meses. A propagação é totalmente vegetativa, pelos rebentos do topo do caule.

Nabo

Com este nome denominam-se duas plantas com a raiz tuberosa comestível, uma branca e outra amarela.

O nabo branco, ou *turnip*, é uma das mais antigas hortaliças de raiz, cultivada há séculos. Já era conhecido de Teofrasto (372-287 a.C.), e, na época de Plínio, o Velho (23-77 AD), havia doze tipos distintos de nabo.

A raiz principal tuberosa do nabo branco é utilizada em culinária e comercializada mundo afora. Depois de cozida e armazenada por algum tempo, tem um gosto peculiar, que os japoneses apreciam muito. As folhas, que possuem muitas vitaminas, podem ser consumidas com moderação. As sementes do nabo branco são usadas três a quatro dias após a germinação (são, portanto, plântulas bem jovens) e têm gosto ardido e picante, muito apreciadas em saladas e sanduíches. Há muitas variedades chamadas de nabo pelo mundo, com raízes comestíveis. O *turnip*, chamado em francês de *navet* e, em italiano, de *rapa*, é o que chamamos de nabo no Brasil, pois é o único comercializado aqui.

O nabo-amarelo, ou *Swede*, chamado também de *rutabaga* pelos norte-americanos, apresenta a raiz tuberosa amarelada e bastante adocicada. Também é conhecido como *Swedish turnip* ou *yellow turnip*; na Suécia, é *kalrot*. Essa raiz tuberosa pode ser usada em culinária de muitas maneiras: assada, acompanhando pratos de carne, em cozidos e em sopas; e crua, em fatias finas, na salada. Muitas vezes, é cozida com batatas e cenouras. As folhas também são comestíveis.

O nabo-amarelo crescia como planta silvestre na Suécia em 1620, mas parece que se originou na Suécia e na Rússia. Chegou à Grã-Bretanha no final do século XVIII, onde há uma confusão: na Inglaterra, *swede* é o nabo-amarelo, e *turnip*, o nabo-branco; na Escócia, *turnip* ou *neeps* é o nabo-amarelo, e *swede*, o nabo-branco.

Na couve-rábano, o que se come é a parte tuberosa do caule, que cresce logo acima do solo. A couve-rábano é chamada em inglês de *kohlrabi*, palavra que vem do alemão *kohl*, "repolho", e *rabi*, nabo; em inglês, é também conhecida como *cabbage turnip*, *turnip cabbage* ou *turnip kale*; em francês, é *chou rave*; em alemão, *Kohlrabi*; em italiano, *col rabano*; e, em espanhol, *colinabo*, porque lembra um nabo com folhas que se irradiam como os raios de uma roda. É a *Brassica oleracea* L. var. *gongyloides* L.

Botânica

O nabo pertence à família das crucíferas (*Cruciferae*, dicotiledôneas; 365 gêneros e 3.250 espécies). O nabo-branco ou *turnip* é *Brassica rapa* L (grupo *Rapifera*). A espécie engloba grande número de variedades cultivadas pelo mundo, todas tendo como parte comestível a raiz branca (os outros grupos de *Brassica rapa* englobam variedades utilizadas pelas suas folhas, inflorescências, etc., mas não a raiz). É originária da Eurásia. Trata-se de uma planta anual, de porte herbáceo, ereta, muito ramificada, que chega a 0,5 metro de altura. As flores são amarelas. O fruto, castanho-claro, apresenta de 25 a 30 sementes castanhas. A raiz principal tuberosa pode ser, dependendo da variedade, redonda, comprida ou achatada. No Brasil, a época do plantio vai de fevereiro até julho. A colheita é feita cerca de quarenta dias após a semeadura, quando as folhas mais próximas do chão começam a ficar amarelas. A propagação é por sementes.

O nabo-amarelo ou *swede* é a *Brassica napus* L. (grupo *Napobrassica*), espécie que engloba as variedades de *Brassica napus* L. que apresentam raízes comestíveis (*Brassica napus* L. grupo *Pabularia* apresenta variedades em que se usam as folhas ou o óleo das sementes, que é o caso da colza, e da cultivar canola). Foi desenvolvida na Suécia. A raiz é adocicada e amarelada. A propagação é por sementes.

Rabanete

Na Índia, o rabanete é conhecido como *mulaka kshara* e, lá, é cultivado há séculos. Foi cultivado também na Assíria e no antigo Egito. Foi domesticado na Europa pelos romanos.

Em inglês, é *radish*; em espanhol, é *rabanito*; em francês, é *radis*; e, em italiano, é *ravanello*.

A raiz tuberosa do rabanete tem gosto adocicado, porém levemente picante. É usada em saladas. Quando os rabanetes estão muito grandes, podem ser cozidos e servidos, como se faz com o aspargo, o que é comum na China e no Japão. O rabanete é rico em sais minerais e contém mais iodo do que qualquer outra planta; é fonte de ácido ascórbico, isto é, vitamina C (25 mg de ácido ascórbico por 100 gramas de rabanete). Na Índia, a raiz tuberosa é remédio para problemas urinários. Há também um tratamento para problemas estomacais usando-se cinza da raiz, que é seca e queimada até se tornar uma cinza branca.

As folhas são empregadas como se faz com o espinafre. As plantinhas do rabanete com seis dias de idade têm gosto ardido e picante, sendo empregadas em saladas e sanduíches.

Botânica

Pertence à família das crucíferas (*Cruciferae*, dicotiledôneas; 365 gêneros e 3.250 espécies).

O rabanete é a espécie *Raphanus sativus* L., nativa das regiões temperadas da Ásia e do norte da África. Não se conhece essa planta crescendo em estado silvestre, mas é provavelmente derivada de uma das variedades do rabanete selvagem, *Raphanus raphanistrum* L. *ssp. landra* (DC) Bonnier & Layens. Trata-se de uma planta anual, com até 30 centímetros de altura. Quando não é colhida, produz flores brancas ou quase violetas, mas sempre com veias bem escuras, polinizadas por abelhas. Produz fruto seco com pequenas sementes castanhas. As sementes permanecem viáveis por dez anos. A raiz tuberosa, com sua delicada pele, em geral vermelha, pode ser pequena como uma cereja ou atingir 1 metro de comprimento e 0,5 metro de diâmetro. A parte globosa, dependendo talvez da época do plantio, pode ser branca, vermelha ou amarela. Nas variedades de primavera, a parte globosa é pequena e redonda; nas de verão, é maior e comprida. No Brasil, o rabanete é cultivado o ano todo. A propagação é por sementes.

Raiz-forte

Também chamada de *rábano-rústico*, é *horseradish* em inglês, em que o elemento *horse* significa "bravo" ou "selvagem", portanto "rabanete-bravo".

A parte que se usa como condimento é a raiz, empregada desde antes da chegada à Europa dos condimentos asiáticos. Já era conhecida dos egípcios, dos gregos e dos romanos. A raiz jovem é usada crua ou ralada. A raiz ralada é empregada na feitura do molho de raiz forte, ou *horseradish sauce*. É o tempero mais importante para vários pratos de carne europeus. Os alemães e os dinamarqueses cortavam a raiz em tiras bem finas, que misturavam com vinagre, para comer junto com o peixe e a carne de vaca – hábito que ingleses e franceses copiaram. Hoje, a raiz-forte é muito usada com rosbife. Faz parte dos ingredientes do coquetel *bloody mary*. O botânico inglês John Parkinson (1567-1650), que ganhou o título de *Royal Botanist* do rei Carlos I, da Inglaterra, escreveu que as raízes dessa planta, misturadas com vinagre, eram muito boas para temperar carne.

O aroma pungente é dado pela sinigrina, como na mostarda. O óleo essencial é muito volátil, evaporando rapidamente; assim, a raiz-forte não deve ser usada durante o cozimento de alimentos, só no final. A raiz intacta não tem aroma, mas, quando cortada ou ralada, as enzimas agem na sinigrina, e o aroma torna-se muito forte. A raiz é a única parte da planta que se usa hoje, e somente fresca.

Botânica

Pertence à família das crucíferas (*Cruciferae*, dicotiledôneas; 365 gêneros e 3.250 espécies).

A raiz-forte é a *Armoracia rusticana* P. Gaertner, Meyer & Scherb. (*Cochlearia armoracia* é sinônimo), uma planta perene provavelmente nativa do sudeste da Europa e do oeste da Ásia (o local certo é obscuro). Atinge quase 1,5 metro. A raiz principal cresce perpendicularmente e tem cerca de 3 centímetros de diâmetro (é maior nas plantas cultivadas). As flores são hermafroditas, e a espécie floresce no verão. As plantas atuais não produzem sementes; assim, a propagação é por segmentos das raízes.

Umbu

Também conhecido como *imbu*, *giqui* e *ambu*, é chamado de *ymbu* em tupi-guarani. O umbuzeiro, uma árvore muito resistente à seca, cultivada por todo o nordeste do Brasil, apresenta raízes longas que podem atingir uma profundidade de 1,5 metro; nelas, há regiões tuberosas, dando raízes tuberosas arredondadas, que muitos chamam de xilopódios ou túberas. São ricas em água, amido e sais minerais, que garantem a sobrevivência das plantas durante a época das secas. No Nordeste, também são chamadas de *cafofa*, *cunanga*, *cunca* ou *batata do umbu*. Da raiz tuberosa, são feitos doces e tenta-se produzir picles. Os agricultores utilizam a raiz tuberosa para alimentar o gado na época das secas.

O fruto do umbu tem a polpa mole e suculenta, agridoce. A fruta é comida ao natural no Nordeste, e também empregada para fazer sorvete, compota, geleia, vinho, vinagre e um doce chamado umbuzada.

Botânica

Pertence à família das anacardiáceas (*Anacardiaceae*, dicotiledôneas; 70 gêneros e 875 espécies), que ocorre em regiões tropicais, subtropicais e temperadas. São arbustos, árvores, lianas e raramente ervas perenes, algumas com látex na casca. As folhas produzem resina que causa alergia; as toxinas dessa resina são eliminadas das folhas durante a chuva, mas o interessante é que os macacos são imunes a ela. É a família do caju, da manga.

O umbu é a espécie *Spondias tuberosa* Arr. Cam., uma árvore decídua originária do Nordeste, desde o Ceará até o norte de Minas Gerais. É espécie da caatinga, e vive mais de cem anos. Trata-se de uma árvore que chega a 6 metros de altura, com uma copa de até 10 metros de diâmetro e tronco com casca lisa. As raízes são longas e apresentam regiões tuberosas arredondadas. As flores são brancas, perfumadas e reunidas em inflorescências. A floração ocorre no início do período de chuvas ou um pouco antes, com a árvore ainda sem folhas. O fruto é uma drupa, com cerca de 5 centímetros de comprimento. A propagação é por sementes, estaquia de ramos e enxertia.

Wasabi

Também chamado de *namida* e *raiz-forte-do-japão*; em inglês, é *Japanese horseradish*; em francês, *raifort du Japon*; e, em alemão, *Bergstockkrose* e *Japanischer Kren*.

As partes comestíveis do *wasabi* são a raiz tuberosa e a parte do caule junto a ela, que têm aroma suave, mas picante. As duas cultivares mais comuns são a verde-escura, ou *daruma wasabi*, e a verde-clara, mais forte, a *matsuma wasabi*.

No Japão, encontra-se a raiz fresca, em pó ou em pasta. Fora do Japão, só é encontrada seca, como um pó verde-claro, ou na forma de pasta. É fortemente pungente e arranca lágrimas dos olhos, porém mais suave que a raiz-forte europeia. O gosto pungente não é notado na raiz seca até que o pó seja reidratado por alguns minutos; sem contato com água, o pó é muito amargo. O aroma característico é dado por um conjunto de substâncias. Alguns de seus componentes químicos podem matar micróbios, o que explicaria seu uso como acompanhamento para peixe cru. É rica em potássio e contém também cálcio e vitamina C.

Parece que é eficaz em prevenir câncer, pois ajuda o organismo a eliminar excesso de hormônios como o estrógeno, assim reduzindo o risco de câncer relacionado a hormônios, como o de próstata e o de mama.

Botânica

Pertence à família das crucíferas (*Cruciferae*, dicotiledôneas; 365 gêneros e 3.250 espécies).

O *wasabi* é *Wasabia wasabi* (Siebold) Makino (*Wasabia japonica* é um sinônimo), planta originária da Ásia Oriental. A raiz tem cor verde-clara, e as flores são brancas. É difícil de cultivar, pois só cresce em água corrente, em montanhas. A propagação é pela germinação das sementes.

Yacon

Chamado em espanhol e inglês de *yacón*, é conhecido como *batata-diet*, *polínia* e *maçã-da-terra*, *aricoma* no Peru; em francês, é *poire-de-terre*; e, em espanhol, também *jiquimilla* e *llacon*. A planta foi domesticada pelos indígenas dos Andes, por causa e sua raiz tuberosa, que é comestível. Adocicada e crocante, diz-se que o gosto é uma mistura de maçã com melão. É bom alimento para diabéticos, porque armazena açúcares na forma de fruto-oligossacarídeo, um tipo especial de frutose que é eliminado do corpo sem ser digerido. A inulina é um açúcar indigesto, e, embora doce, tem poucas calorias. Dois produtos do *yacon* são o xarope e a tisana, ambos populares com diabéticos, pois o açúcar não é absorvido pelos humanos.

As folhas da planta contêm substâncias antioxidantes, sendo usadas no preparo de tisanas.

Botânica

Pertence à família das compostas (*Compositae*, dicotiledôneas; 1.538 gêneros e 22.750 espécies).

O yacon é *Smallanthus sonchifolius* (Poepp. & Endl.) H. Rob. (*Polymnia sonchifolia* Poeppig & Endlicher é um sinônimo), uma planta herbácea perene dos Andes do Peru, da Bolívia, do Equador e da Colômbia que atinge mais de 2 metros de altura. As flores são pequenas e amarelas e aparecem no fim do período de crescimento. Produz raízes tuberosas (ou tubérculos, segundos alguns), raízes fibrosas e raízes de propagação – estas com pontos de crescimento que darão os caules aéreos no ano seguinte. As raízes fibrosas são muito delgadas e fixam a planta ao solo para absorver água e nutrientes. As raízes tuberosas são de formato fusiforme, com polpa branca, creme ou púrpura. Produz bem nos trópicos, pois não é uma espécie fotoperiódica, mostrando-se indiferente ao comprimento do dia. A propagação é por meio das raízes de propagação.

Outras raízes comestíveis

Alexandria

Chamada de *alexanders* ou *black lovage* em inglês, *maceron* em italiano, é a espécie *Smyrnium olusatrum* L. (família *Umbelliferae*). É originária do oeste da Europa, do Mediterrâneo.

Angélica

Chamada de *holy ghost* ou *wild celery* em inglês, *angélique vraie* e *archangélique* em francês, *Angelika, Brustwurz* e *Engelwurz* em alemão, *angélica* e *hierba del Epiritu Santo* em espanhol, é a espécie *Angelica archangelica* L. (família *Umbelliferae*). É originária da Eurásia, possivelmente da região onde hoje é a Síria, distribuindo-se por todo o norte da Europa.

Araruta-da-flórida

Chamada de *seminole bread*, em inglês, é a espécie *Zamia pumila* L., da família das zamiáceas (*Zamiaceae*). É nativa da parte sul da América do Norte, América Central e parte norte da América do Sul. É planta rara, em perigo de extinção no local de origem.

Batata-selvagem

Chamada em inglês de *alpine sweetvetch*, *liquorice root*, *Indian sweet potato*, *eskimo potato*, *wild potato* e *Alaska carrot*, é a espécie *Hedysarum alpinum* L. (subfamília *Leguminosae-papilionoideae*). É nativa da parte ártica da América do Norte, da Europa e da Ásia.

Barba-de-bode

Chamada em inglês de *salsify*, e *salsifis blanc* em francês, é a espécie *Tragopogon porrifolius* L. (família *Compositae*). É nativa da África, da Europa e da Ásia temperada.

Bitter-root

Seu nome, em inglês, significa "raiz-amarga", e em francês é *racine amère*. É a espécie *Lewisia rediviva* Pursh (família *Portulacaceae*; dicotiledôneas; 32 gêneros e 380 espécies), uma erva nativa da América do Norte.

Cardo-marítimo

Chamado de *eringo* e *sea holly* em inglês, *Mannstreu* e *Stranddistel* em alemão, e *panicaut* em francês, é a espécie *Eryngium maritimum* L. (família *Umbelliferae*). É originária da Eurásia e da África.

Castanha-da-terra

Chamada de *black zira*, *earthnut* e *great pignut* em inglês, *noix de terre* em francês e *Knollenkümmel* em alemão, é a espécie *Bunium bulbocastanum* L. (família *Umbelliferae*). É uma erva natural da Europa e da África.

Castanha-de-santo-antônio

Chamada em inglês de *kippernut, cipernut, arnut, jarnut* e *earth chestntut*, é a espécie *Conopodium majus* (Gouan) Loret & Barrandon (família *Umbelliferae*). É uma erva natural da Europa e do norte da África.

Chirivia

Chamada de *parsnip* em inglês, é a espécie *Pastinaca sativa* L., da família das umbelíferas (*Umbelliferae*). Originária da Eurásia, é também conhecida como *pastinaca, pastinaga* ou *cenoura-branca*. Em Portugal, chama-se *cherovia*.

Cominho-imperial

Também chamado de cominho-negro, *shahi jeera* na Índia, é a espécie *Bunium persicum* (Boiss.) B. Fedtsch. (família *Umbelliferae*). É originária da Ásia.

Daikon

Também chamado de *nabo-japonês*, e em inglês *white radish*, é o *Raphanus sativus* L. var. *longipinnatus* Bailey (família *Cruciferae*). Não é originário do Japão, mas da Ásia continental.

Dália

Chamada *dahlia* em inglês, é a raiz tuberosa de espécies da família *Compositae*: *Dahlia coccínea* Cav., nativa do México e da América Central; *Dahlia pinnata* Cav., nativa do México; e *Dahlia imperialis* Roezl ex Ortgies, nativa do México, da América Central e da Colômbia.

Eríngio-de-creta

Chamado de *field eryngo* em inglês, é o *Eryngium creticum* Lam. (família *Umbelliferae*), planta nativa do sudeste da Europa, do oeste da Ásia e do Egito.

Escorcioneira

Chamada em inglês de *black salsify*, *black oysterplant* e *Spanish salsify*, e *salsifis noir* em francês, é *Scorzonera hispanica* L. (família *Compositae*), uma planta perene nativa da Europa e da Ásia temperada. *Scorzonera papposa* DC e *Scorzonera judaica* Eig também têm raízes tuberosas comestíveis, que são utilizadas na Palestina e em Israel.

Feijão-alado

Chamado em inglês de *asparagus pea*, *winged bean*, *four-angle-bean*, *Goa bean* e *princess pea*, em francês é *pois-carré*, em alemão é *Goabohne* e em espanhol é *calamismis*, é a espécie *Psophocarpus tetragonolobus* (L.) DC (subfamília *Leguminosae-papilionoideae*). É originária da Ásia tropical, talvez da Indonésia, mas muitos pensam que pode ser nativa de Madagascar.

Gamão-abrótea

Também chamado de *gamão*, *abrótea*, *abrótea-de-primavera*, *abrótea-menor*, *abrótea-de-verão* e *abrótea-fina*, em inglês é *silverrod* e *kings spear*. A espécie é *Asphodelus ramosus* L. (família *Asphodelaceae*), originária da Ásia temperada e do sudeste e do sudoeste da Europa.

Girigiri

Chamado também de *feijão-inhame*, em inglês é *yam bean*, *African yam bean* e *yam pea*, em francês é *haricot-igname* e, em alemão, *Knollenbohne*. A espécie *Sphenostylis stenocarpa* (Hochst. ex A. Rich.) Harms (subfamília *Leguminosae-papilionoideae*) originária da África tropical.

Homem-da-terra

Chamado de *man of the earth* em inglês, é a espécie *Ipomoea pandurata* (L.) G. Mey. (família *Convolvulaceae*). É nativo da América do Norte.

Inhame-lápis

Chamado em inglês de *pencil yam*, é a espécie *Vigna lanceolata* Benth. (subfamília *Leguminosae-papilionoideae*). É nativo da Austrália tropical.

Kudzu

Chanado também de *kudsu*, é *ge gen* em chinês e *ohwi* e *kuzu* em japonês; em inglês, é *kudzu*; na África do Sul, *kudzuranker*. A espécie é *Pueraria montana* (Lour.) Merr. var. *lobata* (Willd.) Maesen & S. Almeida (subfamília *Leguminosae-papilionoideae*), originária do leste da Índia, da China e do Japão.

Mirra-de-jardim

Chamada de *cicely*, *garden myrrh* ou *sweet-cicely* em inglês; *mirride odorosa*, em italiano, *cerfeuil d'Espagne*, em francês; e *Myrrhenkerbel*, em alemão. É a espécie *Myrrhis odorata* (L.) Scop. (família

Umbelliferae), originária da Europa e da Ásia, que cresce espontaneamente pelo sul e pelo oeste da Europa.

Raiz-biscoito

Chamada em inglês de *lacy lomatium* e *Wyeths biscuitroot*, a espécie é a *Lomatium ambiguum* (Nutt.) J.M. Coult. & Rose (família *Umbelliferae*). É nativa da América do Norte, dos Estados Unidos e do Canadá.

Rábano

Chamado de *celeriac* ou *celery root* em inglês, as espécies são o *Apium graveolens* L. var. *rapaceum* (Mill.) DC, uma variedade do salsão-silvestre, e o *Apium graveolens* L. (família *Umbelliferae*), originários da Eurásia e da África, de locais bem ensolarados. O rábano foi desenvolvido originalmente no norte e na região do Mediterrâneo da Europa.

Salsinha-tuberosa

Chamada de *Hamburg parsley* e *turnip root parsley* em inglês, *persil à grosse racine* em francês, *Knollenpetersilie* e *Pertersilienwurzel* em alemão, a espécie é o *Petroselinum crispum* (Mill.) Fuss var. *tuberosum* (Bernh.) Mart. Crov. (família *Umbelliferae*). É muito comum na Europa central e oriental.

FRUTOS

OS FRUTOS também podem ser órgãos subterrâneos, coisa rara – mais uma das idiossincrasias de Gaia... São exemplos algumas espécies da subfamília *Papilionoideae* da família *Leguminosae*. O exemplo clássico é o amendoim.

Após a fecundação das flores, os frutos pequenos formam-se na extremidade do órgão feminino, viram em direção ao solo e nele penetram. O desenvolvimento posterior do fruto e seu amadurecimento ocorrem dentro do solo. Os primeiros portugueses a aportar no Brasil até pensaram que o amendoim produzia frutos na ponta das raízes.

Amendoim

No amendoim, logo após a fertilização, um tecido de crescimento que fica situado na base do ovário da flor começa a crescer. Essa estrutura faz que o ovário (que carrega os óvulos) fique alongado e pontudo e, depois, aflore na axila da folha. Essa estrutura que carrega o ovário em sua extremidade chama-se *peg* e apresenta geotropismo positivo, isto é, é atraída pelo solo. Assim que cresce um pouco, encurva-se em direção ao solo e o penetra. Sua outra extremidade permanece presa à flor. Penetrando no solo, ainda cresce verticalmente alguns centímetros, depois se encurva em um ângulo de 90° e, ao mesmo tempo, começa a se espessar. O espessamento está ligado ao desenvolvimento dos óvulos, que até então não sofreram modificação de tamanho. No desenvolvimento subterrâneo, a extremidade basal do ovário fica ligada ao *peg*. A planta de amendoim tem seus ramos ligados ao solo pelos numerosos *pegs*, que, partindo das axilas das folhas, terminam subterraneamente nos frutos, que só assim se desenvolvem. Se um *peg* não consegue alcançar o solo, devido à distância, ou não consegue enterrar-se porque o solo está muito duro, ele murcha e não há formação de fruto.[30]

O amendoim é ingrediente comum na culinária de vários países, sendo bons exemplos a manteiga de amendoim (*peanut butter*) nos Estados Unidos, a sopa de amendoim na Bolívia, o pé de moleque e a paçoquinha no Brasil. As sementes assadas ou torradas são utilizadas como aperitivo e na feitura de vários doces. Para uso como aperitivo, é cultivado em Portugal, Espanha, Israel e Turquia.

Era cultivado na América do Sul muito antes da chegada dos europeus. Em escavações no Peru, em sítios datados de antes da era cristã, foram encontradas sementes de amendoim. O primeiro indício registrado de cultivo é do México, onde os astecas chamavam o amendoim de *tlalcachuatl*, que significa o "fruto do chocolate que nasce subterraneamente". Isso sugere que os astecas foram os primeiros a combinar amendoim com chocolate.

Logo no início do século XVI, o amendoim chegou a Portugal e Espanha. Foi levado pelos espanhóis primeiro para as ilhas do Pacífico, depois para as Filipinas e a Indonésia. Antes de 1608, já chegara à Malásia, ao Vietnã, e à China; no século XVIII, estava distribuído largamente pelo sul da China e pelo Vietnã. Da China, foi para o Japão, onde o chamavam de *feijão chinês*. Era um alimento bom para abastecer os navios nas longas viagens, pois podia ser cultivado facilmente; protegido pela casca grossa, é armazenado com pouca perda, sendo rico em nutrientes e óleo. Essas características também fizeram o sucesso do amendoim na África, de onde foi levado para a Índia, onde era chamado de *feijão de Moçambique*. Foram os portugueses que levaram o amendoim para o país africano.

A semente do amendoim apresenta de 22% a 30% de proteínas, de 43% a 54% de óleo, de 10% a 16% de carboidratos, de 3% a 4% de fibras e de 1% a 3% de minerais. Contém vitaminas do complexo B e vitamina E. No óleo, há ácidos graxos saturados, como o palmítico e o esteárico, e insaturados, sendo os mais importantes o oleico e o linoleico. Também contém resveratrol, na pele que envolve a semente, um antioxidante com propriedades anti-inflamatória e anticancerígena, com potencial efeito retardador do envelhecimento (este último foi colocado em dúvida recentemente).[32] É inferior à soja na quantidade de proteínas (que nesta é de 40%), mas muito superior na de gorduras (no caso da soja é de 18%).

A semente do amendoim é uma importante fonte de gordura. Trata-se da quarta oleaginosa mais plantada no mundo, perdendo apenas para a soja, o algodão e a colza. Emprega-se o óleo para cozinhar e para fabricar margarina, sabão e cosméticos. Hoje, cultiva-se o amendoim também para a produção de óleo combustível, fonte renovável de energia.

Botânica

Pertence à subfamília *Leguminosae-papilionoideae* (dicotiledôneas; 425 gêneros e 12.500 espécies).

O amendoim é a espécie *Arachis hypogaea* L., originária do Brasil. Trata-se de uma espécie tetraploide, com 40 cromossomos. É uma planta herbácea anual ereta ou rasteira (dependendo da variedade), muito ramificada e pubescente, com uma raiz principal que pode alcançar quase 1,5 metro de profundidade. O caule principal e os ramos, que têm cor púrpura ou verde, apresentam nós e entrenós. As folhas, que saem sempre dos nós, são alternadas; possuem um pecíolo longo, com até 10 centímetros de comprimento, e dois pares de folíolos quase ovais. A flor é hermafrodita, com corola amarela. A floração dura cerca de dois meses. O fruto, indeiscente, é uma vagem ou legume cilíndrico de cor amarelo-palha, com superfícies mais ou menos reticuladas, encerrando uma a cinco sementes. A cobertura da semente em geral é rosada. A propagação é pelas sementes.

Ginguba-de-angola

Os frutos dessa planta, conhecida como *bambara*, *mancarra*, *mandobi-de-angola*, *ginguba-de-bijagós* e, em inglês, *jugo bean*, são formados subterraneamente. As sementes são muito populares em Angola e na Guiné-Bissau, embora hoje tenham perdido popularidade para o amendoim. As sementes novas são comidas frescas, cruas ou cozidas, e lembram o gosto da ervilha. As sementes maduras são mergulhadas em água e, depois, cozidas ou assadas com óleo. Em algumas regiões da África, a vagem é cozida, e, então, as sementes são comidas como aperitivo. Sementes maduras podem também ser usadas para fazer farinha. São empregadas ainda para a produção de óleo. A semente é boa fonte de proteínas, ferro e vitamina B.

A espécie suporta condições extremas de seca e solo pobre, e nelas produz bem. As plantas são coletadas cerca de quatro meses após o plantio, sendo simplesmente arrancadas do solo. A produção é de 1.000 quilos por hectare.

Botânica

Pertence à subfamília *Leguminosae-papilionoideae* (dicotiledôneas; 425 gêneros e 12.500 espécies).

A ginguba-de-angola é a espécie *Vigna subterranea* (L.) Erdc., nativa da África Ocidental (*Voandzeia subterranea* é um sinônimo), hoje cultivada em várias regiões tropicais da África. Trata-se de uma planta herbácea anual trepadeira, muito ramificada, com flores branco-amareladas. Inicia a floração de 30 a 55 dias após a semeadura. Cada legume tem uma ou duas sementes. A propagação é pelas sementes.

Amendoim-de-porco

É chamado de *talet* no México, *hog-peanut* em inglês e *haricot-de-terre* em francês. Os frutos dessa planta apresentam o mesmo fenômeno do amendoim, com sementes comestíveis, quando cozidas. A raiz também é comestível.

Pertence à subfamília *Leguminosae-papilionoideae* (dicotiledôneas; 425 gêneros e 12.500 espécies). É a espécie *Amphicarpaea bracteata* (L.) Fernald, uma trepadeira anual (que pode ser perene) nativa da América do Norte. As folhas têm três folíolos e são alternadas; as flores são cor-de-rosa ou brancas. Floresce no fim do verão e no início do outono. O fruto pode ser achatado ou esférico. A propagação é pelas sementes.

Lentilha-da-terra

Chamada de *geocarpa groundnut*, *hausa groundnut* e *ground-bean* em inglês, e *Erdbohne* em alemão, dá frutos com o mesmo hábito do amendoim. É uma cultura da região abaixo do Saara na África, muito tolerante a seca, mas de pouca importância.

Pertence à subfamília *Leguminosae-papilionoideae* (dicotiledôneas; 425 gêneros e 12.500 espécies).

A lentilha-da-terra é a espécie *Macrotyloma geocarpum* (Harms) Maréchal & Baudet, uma planta herbácea anual. A propagação é pelas sementes, que apresentam dormência.

CONCLUSÃO

GAIA tem ainda mais segredos. Hoje, se fala tanto em proteger o meio ambiente, na recuperação de espécies em extinção ou extintas... pois é, até para isso, Gaia tem seus segredos. É possível recuperar algumas espécies vegetais graças a outro segredo de Gaia: o *banco de sementes e esporos do solo*. Mesmo espécies consideradas extintas podem voltar a crescer em determinada região.

Nas camadas mais superficiais do solo, até 1,5 metro de profundidade, há sementes e esporos enterrados e prontos para germinar – este é o segredo de Gaia. Quando o homem traz essas sementes e esses esporos – de samambaias e de musgos, por exemplo – para a luz do sol, eles podem germinar, e as plantas que os produziram crescem de novo. As sementes e os esporos (sementes e esporos são dissemínulas) que germinam formam o banco do solo. Esses bancos podem reduzir o risco de extinção de espécies, permitindo a regeneração de uma população devastada, por exemplo, por inundações, incêndios, secas ou deslizamentos. É evidente que apenas as espécies que produzem esporos ou sementes com viabilidade longa têm chance de serem restauradas – se o tempo de vida (viabilidade) das dissemínulas for muito curto, essas espécies nunca farão parte do banco do solo.

As plantas que produzem flores formam sementes, e as samambaias e os musgos produzem esporos. Quando amadurecem, ocorre o que se chama de *chuva de sementes e esporos*, sendo eles dispersos. Uma grande quantidade deles cai no sol próximo à planta que os originou, e, às vezes, longe. Depois de depositados na superfície do solo, podem, por diversos processos, ser levados para seu interior. Após algum tempo, se o solo é revolvido, são levados à superfície e podem germinar.

O período de tempo em que os esporos e as sementes permanecem vivos, isto é, fazem parte do banco do solo, depende de muitos fatores, como a umidade do solo e a luz. Muitas sementes e esporos só germinam na presença de luz – é o fenômeno que os botânicos chamam de *fotoblastismo*. A alface é um exemplo de fotoblástica positiva. Já a mamona só germina no escuro. A maioria é indiferente à luz, germinando em qualquer dos casos. Mas são principalmente as sementes e esporos fotoblásticos positivos que formam o banco do solo.

Muitos têm viabilidade longa: podem permanecer vivos por longos períodos de tempo. Quando o solo é alterado por alguma razão, as sementes e os esporos fotoblásticos positivos ficam expostos à luz solar e germinam. Assim, os elementos do banco, um reservatório de sementes e esporos viáveis (vivos), poderão substituir as plantas adultas que desapareceram por morte natural ou por distúrbios causados pelo homem e pelo consumo por animais.

Todos já observaram um campo arado sendo preparado para o plantio de uma cultura qualquer – como de milho, por exemplo – aparecer coberto misteriosamente por uma infinidade de ervas daninhas, as invasoras. O que aconteceu foi que as plantas invasoras dos anos anteriores produziram sementes, que caíram ao solo e foram para dentro da terra. E aí permaneceram até que o solo fosse revolvido pelo arado, quando as sementes foram trazidas para a superfície do solo e, sob luz e com umidade, germinaram. Essas sementes fazem parte do banco de sementes de ervas daninhas do solo. Gaia e seus segredos...

NOTAS

1. DIAMOND, Jared. *Guns, germs, and steel – the fates of human societies*. New York: W.W. Norton & Company, 1999. 480 p.
2. FELIPPE, G. *Grãos e sementes – a vida encapsulada*. São Paulo: Senac, 2007.
3. Idem.
4. Idem.
5. Idem.
6. FIGUEIREDO-RIBEIRO, R.C.L. et al. Reserve carbohydrates in underground organs of native Brazilian plants. *Revista Brasileira de Botânica* 9, p. 159-166, 1986.
7. STANDAGE, Tom. *Uma história comestível da humanidade*. Rio de Janeiro: Zahar, 2010.
8. FOGEL, B. & CAMPBELL, J. Truffles: gold in the soil. *Inoculum – Mycologia* 59 (supplement), 2008.
9. SIMPSON, J. & WEINER, E., eds. *Oxford English Dictionary*. Oxford: Clarendon Press, 1989.
10. RAMSBOTTOM, J. *Mushrooms & Toadstools*. London: Collins, 1953.
11. CARLUCCIO, A. *The Complete Mushroom Book*. London: Quadrille, 2003.
12. Idem.
13. MARTIN, F. et al. Périgord Black truffle genome uncovers evolutionary origins and mechanisms of symnbiosis. *Nature* 464, p. 1033-1038, 2010
14. TOLEDO, Karina. Planta do Cerrado usa folhas subterrâneas para capturar e digerir vermes. *Agência Fapesp Online*. http://agencia.fapesp.br/15069. Acesso em 20 jun. 2012.
15. MABBERLEY, D.J. *The plant-book – a pocket dictionary of the vascular plants*. Cambridge, England: Cambridge University Press, 1997.
16. STRADLEY, Linda. *History of potaoes*, 2004. http://whatscookingamerica.net/History/PotatoHistory.htm. TUCKER, Richard E. *A potato chronology*, 2010 – www.tuckertaters.com/potato-chronology.pdf.
17. STANDAGE, Tom. *Uma história comestível da humanidade*. Rio de Janeiro: Zahar, 2009.
18. DEAN, Warren. *A botânica e a política imperial: introdução e adaptação de plantas no Brasil Colonial e Imperial*. Conferência feita

no Instituto de Estudos Avançados da USP, em 21 de junho de 1989, www.iea.usp.br/artigos.

19 FELIPPE, Gil. *No Rastro de Afrodite: plantas afrodisíacas e culinária*. São Paulo: Ateliê e Senac, 2004. 310 p.

20 FERRÃO, José E. Mendes. *A aventura das plantas e os descobrimentos portugueses*. Lisboa: Instituto de Investigação Científica Tropical, Comissão Nacional para as Comemorações dos Descobrimentos Portugueses, Fundação José Berardo, 1993. 241p.

21 SHEN-MILLER, J.; SCHOPF, J.W.; HARBOTTLE, G.; CAO, R., OUYANG, S., ZHOU, K., SOUTHON, J.R. 7 Liu, G. Long-living lotus: germination and soil □ -irradiation of centuries-old fruits, and cultivation, growth and phenotypic abnormalities of offspring. *American Journal of Botany* 89, p. 236-247, 2002.

22 *The New York Times*, Science, fevereiro de 2011.

23 FELIPPE, Gil. *Entre o jardim e a horta – as flores que vão para a mesa*. São Paulo: Senac, 2003.

24 APPEZZATO DA GLÓRIA, Beatriz. *Morfologia de sistemas subterrâneos – histórico e evolução do conhecimento no Brasil*. Ribeirão Preto: A. S. Pinto, 2003. 80 p.

25 MABBERLEY, D.J. *The plant-book – a pocket dictionary of the vascular plants*. Cambridge, England: Cambridge University Press, 1997.

26 THE CARROT MUSEUM. http://www.carrotmuseum.co.uk/.

27 FELIPPE, Gil. *No rastro de Afrodite – plantas afrodisíacas e culinária*. São Paulo: Senac, 2004.

28 PEREIRA, Araken S.; NERY, José Pio & IGUE, Toshio. Seleção de novos clones de mandioca para mesa, pela toxicidade e paladar de suas raízes 'in natura'. *Bragantia*, 24, 1965.

29 MADEIRA et al. Mandioquinha-salsa (*Arracacia xanthorrhiza*), Embrapa Hortaliças, Sistemas de produção 4, 2008.

30 FELIPPE, Gil. *Amendoim – história, botânica e culinária*. São Paulo: Senac, 2011.

31 HYPESCIENCE. http://hypescience.com/pesquisador-que-encontrou-ligacoes-entre-vinho-tinto-e-longevidade-acusado-de-centenas-de-fraudes/

BIBLIOGRAFIA

APPEZZATO-DA-GLÓRIA, Beatriz. *Morfologia de sistemas subterrâneos – histórico e evolução do conhecimento no Brasil.* Ribeirão Preto: A. S. Pinto, 2003. 80p.

ARBIZU, C. & TAPIA, M. *Andean tubers.* In: BERMEJO, Hernando & LEÓN, J. (eds.). *Neglected crops: 1492 from a diferente perspective.* Roma, FAO, 1994. p. 149-163 (*Plant Production and Protection Series 26*)

AOYAMA, Elisa M. & MAZZONI-VIVEIROS, Solange C. *Adaptações estruturais das plantas ao ambiente.* Instituto de Botânica – Programa de Pós Graduação em Biodiversidade Vegetal e Meio Ambiente. Curso de capacitação de monitores e educadores, 2006. 17p.

CASCUDO, Luiz da Câmara: *História da alimentação no Brasil.* São Paulo: Global, 2004. 954p.

CORREA, M. Pio. *Diccionario das plantas úteis do Brasil e das exóticas cultivadas, A-CAP,* vol. 1. Rio de Janeiro: Imprensa Nacional, 1926. 747p.

_____. *Diccionario das plantas úteis do Brasil e das exóticas cultivadas, CAR-E,* vol. 2. Rio de Janeiro: Ministério da Agricultura, 1931. 707p.

CORREA, M. Pio & PENNA, Leonam de Azeredo. *Dicionário das plantas úteis do Brasil e das exóticas cultivadas, F-G,* vol. 3. Rio de Janeiro: Ministério da Agricultura, 1954. 646p.

_____. *Dicionário das plantas úteis do Brasil e das exóticas cultivadas, H-L,* vol. 4. Rio de Janeiro: Ministério da Agricultura, 1969. 765p.

_____. *Dicionário das plantas úteis do Brasil e das exóticas cultivadas, M-R,* vol. 5. Rio de Janeiro: Ministério da Agricultura, 1974. 687p.

_____. *Dicionário das plantas úteis do Brasil e das exóticas cultivadas, S-Z,* vol. 6. Rio de Janeiro: Ministério da Agricultura, 1975. 777p.

DIAMOND, Jared. *Guns, germs, and steel – the fates of human societies.* New York: W.W. Norton & Company, 1999. 480p.

FAHL, Joel Irineu; CAMARGO, Marcelo Bento Paes de; PIZZINATTO, Maria Angélica; BETTI, Juarez Antonio; MELO, Arlete Marchi Tavares de; DEMARIA, Isabella Clerici & FURLANI, Ângela Maria Cangiani. *Instruções agrícolas para as principais* culturas econômicas. *Boletim n°200*. Instituto Agronômico de Campinas, Campinas, 1998, 396p.

FELIPPE, Gil. *O saber do sabor – as plantas nossas de cada dia*. Holambra (SP): Setembro, 2005. 157p.

_____. *Amendoim – história, botânica e culinária*. São Paulo: Senac, 2011. 232p.

FERRI, Mário Guimarães. *Botânica – morfologia externa das plantas (organografia)*. São Paulo: Nobel, 2004. 149p.

_____. *Botânica – morfologia interna das plantas (anatomia)*. São Paulo: Nobel, 2005. 113p.

FERRÃO, José E. Mendes. *A aventura das plantas e os descobrimentos portugueses*. Lisboa: Instituto de Investigação Científica Tropical, Comissão Nacional para as Comemorações dos Descobrimentos Portugueses, Fundação José Berardo, 1993. 241p.

GENDERS, Roy. *Plantas silvestres comestibles – frutos, bayas, raíces, brotes*. Barcelona: Blume, 1988. 208p.

JOLY, A.B. *Botânica – introdução à taxonomia vegetal*. São Paulo: Nacional, 1976. 777p.

LORENZI, Harri & SOUZA, Hermes Moreira de. *Plantas ornamentais no Brasil – arbustivas, herbáceas e trepadeiras*. Nova Odessa: Instituto Plantarum de Estudos da Flora, 2001.

MABBERLEY, D.J. *The plant-book – a pocket dictionary of the vascular plants*. Cambridge (Eng.): Cambridge University Press, 1997. 858p.

SCATENA, V.L. & SCREMIN-DIAS, E. Parênquimas, colênquima e esclerênquima. *In*: APPEZZATO-DA-GLÓRIA, B. & CARMELLO-GUERREIRO, S.M. (orgs). *Anatomia vegetal*. Viçosa: Editora da UFV, 2006. p. 109-127.

Sites

http://www.floridata.com/
http://www.botanical.com/
http://www.jardineiro.net/br/
http://www.ars-grin.gov/cgi-bin/npgs/html/taxgenform.pl/
http://www.pfaf.org/index.php/
The International Plant Names Index (IPNI): http://www.ipni.org/index.html

Impressão e Acabamento

Prol